TOPOGRAPHIE HISTORIQUE

DE VANNES

PAR

J.-M. LE MENÉ

Doyen du Chapitre

Président de la Société polymathique du Morbihan

VANNES

IMPRIMERIE GALLES

—

1897

Fin d'une série de documents
en couleur

TOPOGRAPHIE HISTORIQUE

DE VANNES

PAR

J.-M. LE MENÉ

DOYEN DU CHAPITRE

PRÉSIDENT DE LA SOCIÉTÉ POLYMATHIQUE DU MORBIHAN

VANNES

IMPRIMERIE GALLES

—

1897

TOPOGRAPHIE HISTORIQUE
DE VANNES.

L'antique capitale des Venètes, le siège de leur commerce et de leur sénat, n'a laissé que des souvenirs assez vagues dans l'histoire. On ignore son nom primitif. Sa situation même est incertaine : les uns la placent à Locmariaker, les autres à Vannes. Les premiers paraissent avoir raison : ils s'appuient sur l'existence des nombreux et gigantesques monuments celtiques de Locmariaker, sur la nécessité pour un peuple maritime d'avoir un centre commercial au bord de la mer, et sur l'impossibilité de remonter alors jusqu'à Vannes avec de grands navires, le golfe du Morbihan n'étant pas encore ce qu'il est aujourd'hui.

Mais sous la domination romaine, la capitale des Venètes était certainement la ville actuelle de Vannes, appelée alors *Darioritum*. C'est de là que partaient six voies romaines, se dirigeant, la 1re vers Locmariaker, la 2e vers Hennebont, la 3e vers Corseul, avec embranchement sur Carhaix, la 4e vers Rennes, la 5e vers Rieux, et la 6e vers Arzal, avec embranchement sur Port-Navalo.

Vers l'an 140, le géographe Claude Ptolémée, d'Alexandrie, s'exprime comme il suit, dans la description de la Gaule : « Le rivage occidental, au-dessous des Ossismiens, est occupé par les Venètes, dont la ville est *Darioritum*, ou *Dariorigum*. »

Une carte routière, rapportée communément au IIIe siècle, copiée au moyen âge, et possédée longtemps par la famille de Peutinger, mentionnne la même ville sous le nom légèrement altéré de *Dartoritum*.

A la fin du IVe siècle, ce nom disparut pour faire place à celui de *Vennes* ou *Vannes*, tiré du nom du peuple Venète : pareil changement se faisait alors dans toutes les cités gauloises. Les Bretons ont à peine modifié cette appellation, dont ils ont fait *Wenet* ou *Guéned*.

C'est cette ville qu'il s'agit d'étudier ici, en examinant successivement ses murs, ses églises, ses châteaux, ses établissements, etc...

Vannes comprend trois parties distinctes : 1° la *ville close*, encore entourée de son enceinte fortifiée, dominée par sa cathédrale, et divisée en rues sombres et tortueuses, où l'on retrouve le caractère d'une cité bretonne du moyen âge ; 2° le *quartier de Saint-Patern*, presque aussi vieux que la ville, renfermant de nombreuses maisons en bois du XVIe siècle, et de plus, la préfecture, les casernes, la gare, etc. ; 3° le *quartier de Saint-Salomon*, comprenant toute la partie de Vannes située à l'ouest des murs, avec ses divers établissements.

Trois plans topographiques donnent la configuration de ces trois parties, et sont nécessaires pour en suivre la description détaillée. Leur réunion donne le plan général de la ville. Ces préliminaires posés, entrons en matière.

I. Première Enceinte.

Vannes était une ville ouverte, sans fortifications, comme beaucoup d'autres cités de la Gaule. Mais en 276, les barbares de la Germanie, ayant traversé le Rhin, dévastèrent une soixantaine de villes. L'empereur Probus les tailla en pièces et repoussa le reste au delà du fleuve.

Puis, pour réparer les ravages et en prévenir le retour, dans une certaine mesure, il ordonna aux villes frontières de relever, et au besoin de restreindre leur enceinte ; il permit aux autres villes d'en faire autant, et d'employer aux remparts les pierres des tombeaux anciens, qui étaient trop éloignés de la cité pour être protégés.

Une foule de cités de la Gaule se mirent immédiatement à l'œuvre, comme le prouvent les débris de sculptures, d'autels, d'inscriptions, etc... englobés dans la base de leurs murs. Tout dans ces débris annonce le Ier et IIe siècles et le commencement du IIIe (Voir M. de Caumont).

Il parait que la ville de Dariorit éleva ses remparts à cette époque, c'est-à-dire à la fin du IIIe siècle ou au commencement du IVe. Ces murs primitifs, si l'on en juge par les vestiges subsistants, formaient un triangle à pointes émoussées, dont la cathédrale actuelle occupe à peu près le centre. Le côté nord du triangle longe la rue du Mené, et les deux autres viennent se rejoindre sur les Lices (Voir le plan).

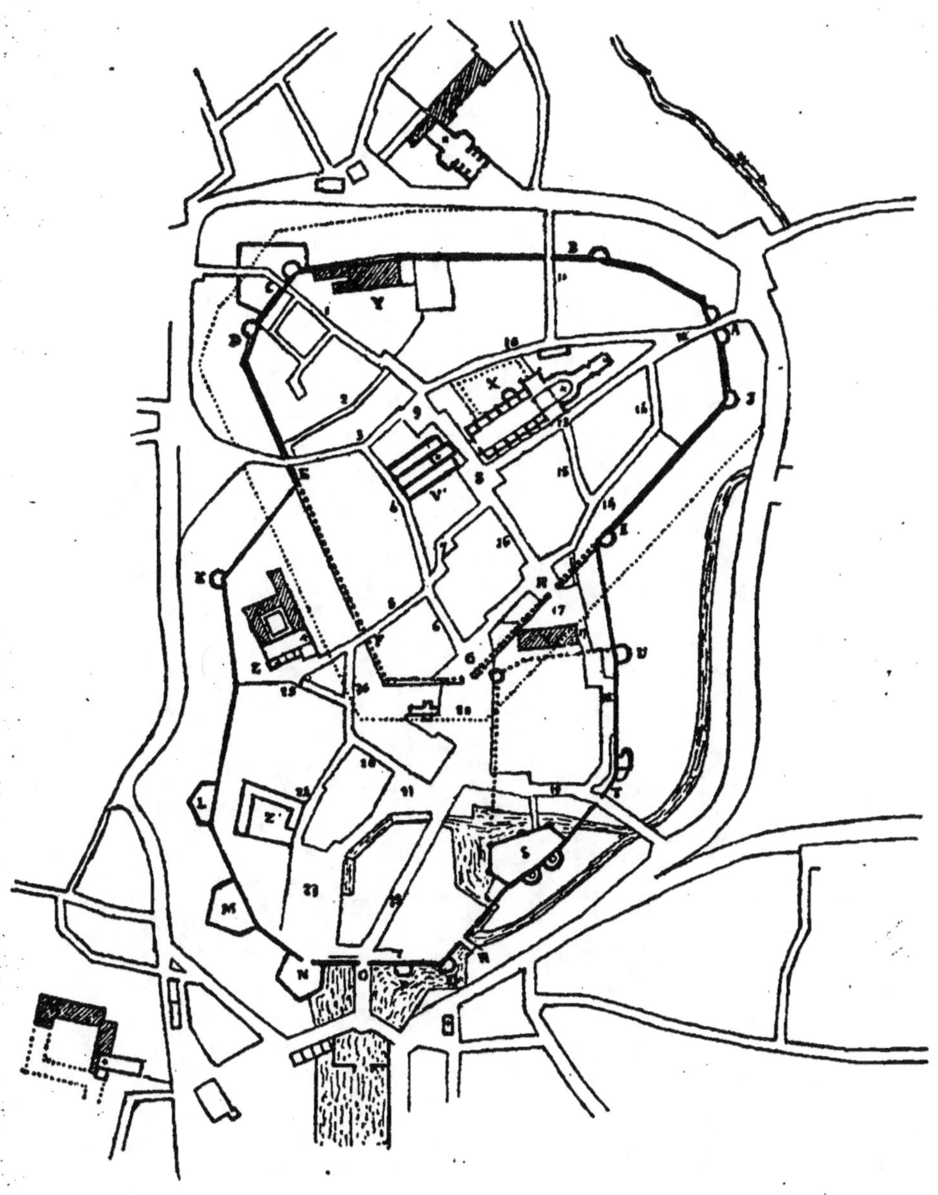

VANNES. — SAINT-PIERRE

A la base des murs, principalement au nord et à l'ouest, on voit encore plusieurs assises de pierres d'assez grand appareil, jusqu'à la hauteur de deux mètres cinquante centimètres, et au-dessus on remarque des pierres de petit appareil, séparées par des cordons de briques.

Cette première enceinte a subi dans le cours des âges de nombreuses modifications : les murs ont été en partie refaits, les douves élargies, les tours et les portes relevées au fur et à mesure des besoins, mais sans jamais toucher au plan général des remparts.

A la chute de l'empire en 409, Vannes fit partie de la Confédération Armoricaine, et son gouverneur Eusèbe portait en 500 le titre de roi. Vers le même temps elle accepta l'alliance ou plutôt la suprématie des Francs. — Elle avait un évêque depuis 465.

Le comte breton Waroch II s'en empara en 577, et la transmit à ses successeurs. Pépin la reprit en 753, et y mit des comtes francs. Nominoé, en 826, y rétablit l'influence bretonne jusqu'à l'incendie de la ville par les Normands en 919.

Privée désormais de ses comtes particuliers, Vannes releva directement des ducs de Bretagne, et jouit sous leur gouvernement d'une paix de quatre siècles. Dans cet intervalle, on croit que le duc Jean I (1237-1286) fit exécuter divers travaux aux murs de la ville ; dans tous les cas, son fils Jean II (1286-1305) y fit faire des réparations importantes, comme le constatent diverses quittances données à ses exécuteurs testamentaires. La portion du mur E F, voisine du couvent des Cordeliers, portait en 1400 le nom de mur *Sarrasin*, en mémoire de ces deux princes, qui avaient pris part à la croisade de 1270 contre les infidèles de Tunis.

A l'ouverture de la guerre de Succession, en 1341, la ville de Vannes se déclara pour Jean de Montfort, qui lui semblait avoir le meilleur droit. Par suite, Charles de Blois vint l'assiéger dès le commencement de 1342 ; il donna un assaut à la ville et livra un rude combat auprès d'une des portes, où les deux partis perdirent beaucoup de monde. Les assiégés demandèrent une trève pour le lendemain, et le Conseil des bourgeois résolut de se rendre.

Geoffroy de Malestroit, qui commandait la garnison, n'ayant pu les détourner de ce dessein, sortit par une porte, pendant qu'on traitait à une autre, et se retira à Hennebont. Charles de Blois entra dans la ville, pourvut à la sûreté de la place, et partit au bout de cinq jours pour Carhaix.

Quelque temps après, Robert d'Artois, que la comtesse de Montfort avait envoyé en Angleterre pour en ramener des renforts, débarqua près de Vannes, et résolut de reprendre cette place. A la tête de 10,000 hommes, il attaqua les barrières, sans pouvoir les briser; à la nuit il fit allumer des feux devant les deux principales portes de la ville, et les battit furieusement, pour y attirer toute la garnison. Pendant ce temps, Gautier de Mauny et le comte de Quenfort s'approchèrent d'un quartier abandonné, escaladèrent la muraille avec leurs troupes, et prirent à dos les assiégés. La lutte devint alors impossible : une partie de la garnison réussit à s'échapper; le reste tomba entre les mains des vainqueurs, et la ville rentra sous l'obéissance du comte de Montfort.

Cependant Hervé de Léon et Olivier de Clisson, irrités d'avoir été surpris et chassés de Vannes, résolurent de réparer leur honneur, en rentrant dans la place. Ils prirent si bien leurs mesures, qu'ils réunirent 12,000 hommes, et se présentèrent inopinément devant la ville. Robert d'Artois n'eut pas le temps de solliciter des secours; il se défendit néanmoins avec une bravoure admirable, mais il ne put empêcher les ennemis de forcer les barrières et les portes. La ville fut reprise, et Robert d'Artois y reçut une blessure, dont il mourut en retournant en Angleterre.

Le roi Edouard III, sensiblement affligé de la mort de son lieutenant, jura de le venger, et vint en personne assiéger Vannes, en novembre 1342. C'était le quatrième siège de l'année. En y arrivant, il livra un terrible assaut, qui fut vaillamment soutenu pendant six heures. Bientôt le roi de France, Philippe VI de Valois, vint en Bretagne et s'avança jusqu'à Ploermel. Une lutte décisive allait peut-être avoir lieu, quand deux légats du pape Clément VI intervinrent entre les belligérants, et obtinrent une trêve de trois ans, qui fut signée à Malestroit le 19 janvier 1343. Le siège de Vannes fut levé, et la ville remise provisoirement aux cardinaux légats (D. Morice. Hist. I. 258).

. En 1347, Charles de Blois, ayant été fait prisonnier à la Roche-Derrien, fut conduit à Vannes, et de là expédié en Angleterre l'année suivante. Il en revint en 1356, mais il perdit la vie à la funeste bataille d'Auray, livrée le 29 septembre 1364, et son concurrent, Jean de Montfort, fut proclamé duc de Bretagne.

II. SECONDE ENCEINTE.

Les quatre sièges subis par Vannes avaient, on le comprend, endommagé ses portes et ses murailles. Le nouveau duc Jean IV, qui avait pour cette ville une affection particulière, et qui la trouvait plus centrale que Nantes et Rennes, résolut d'y faire de grosses réparations, d'agrandir son enceinte vers le port, et d'y construire un château ducal sous le nom de l'Hermine.

L'entreprise était considérable et demandait de longues années. La porte A donnant sur le faubourg de St-Patern fut refaite à neuf, et flanquée de deux tours monumentales, avec pont-levis et accessoires. La portion du mur I J, parallèle à la rue des Vierges, fut retouchée et perdit les traces de la construction gallo-romaine. C'est à partir de la tour I, que la nouvelle enceinte prit la direction du midi. Cette portion de mur était achevée en 1373, quand le duc dut quitter la Bretagne pour se réfugier en Angleterre, d'où il ne revint que six ans après.

Un acte de fondation, du 20 mars 1374 (N. S. 1375), renferme à ce sujet quelques détails intéressants. — « Sachent touz que par notre court de Vennes en droit personalment establi Mr Geffroy Talevaz, presbtre, souschantre de l'église de Saint-Père de Vennes, et recteur de l'église St-Salemon, cognut et confessa que Mr Phélipes Talevaz, presbtre, son oncle, donna autrefois au chapitre de la dite église, pour son anniversaire, une rente de trente et deux soulz, levable sur son manoir et herbregement, où il soleit demorer en la ville de Vennes, sur la rue par où les cherrètes soleint aller du port de Vennes à la porte St-Pater, et sur les courtilz et exues davant et derrière et autres appartenances dou dit herbregement, par lequel herbregement *est maintenant la closture de la dite ville*, par quoy les courtilz dou dit herbregement sont demorez dehors la d. closture, et les maisons et places demorez par dedans, les d. maisons sises entre un herbregement qui fut à Geffroy de Clèce (V), et ores est à Geffroy Denis, par raison de sa femme d'une part, et un autre herbregement et place, qui jadis fut à Eon L'orfèvre et ores est à Guillot Collin et ses fraresches d'autre part... Laquelle donnoison celi Mr Geffroy, comme principal hoir de son dit oncle, a approuvé, loé et ratifié. — Et en oultre cognut et confessa avoir esleu sa sépulture, quand le cas avendra, en la d. église, jouste celle de son d. oncle, et a donné et donne au d. chapitre, pour son anniversaire avoir en la d. église, après son déceis, chacun an, perpétuelment, autres trente et deus soulz de rente, sur le dit manoir et herbregement et sur les dites appartenances... » (Chapitre. Fondations. G.)

Les travaux de la nouvelle enceinte paraissent avoir été interrompus pendant l'éloignement du duc. Après son retour en 1379, il reprit son plan. Dès le 22 novembre 1380, il donna à l'abbaye de St-Gildas de Rhuys son moulin de Pencastel en Arzon, pour avoir en échange le moulin et l'étang situés au midi de la ville, parce qu'il en avait besoin pour continuer les remparts et pour protéger son futur château de l'Hermine. Peu après, il eut besoin du four de Calmont, appartenant à la même abbaye, et il s'engagea à payer en retour une somme annuelle de deux livres sur sa recette d'Auray.

Sans parler ici de la construction du château de l'Hermine, dont l'histoire se trouvera plus loin, on peut dire que les travaux des murailles de la ville se continuèrent par le sud, et se terminèrent à l'ouest, de manière à renfermer le couvent des Cordeliers. Une note, tirée d'un registre de ce couvent, donne une date précise : *Conventus Sancti Francisci Venetensis, anno 1385, multum fuit amplificatus à generosissimo principe Johanne IV.* La nouvelle muraille, qui enfermait ainsi le couvent dans la ville et qui aboutissait à la porte de St-Salomon (E), rendait inutile la portion des murs sarrasins situés entre E et F. Le duc céda les douves de cette portion de murailles aux Cordeliers, en toute propriété, et contribua de cette façon à l'agrandissement du monastère.

Les vieilles murailles de la ville, du côté du sud, étant devenues inutiles, furent démolies. De nouvelles douves furent creusées le long des murs neufs, et les déblais purent servir à combler les anciens fossés et à exhausser le sol de la nouvelle enceinte. En 1483, des charretées de décombres furent retirées du cloître de la cathédrale, et portées « près les murs de la ville, près du chasteau de l'Ermine, vers la porte de Calmont. » (Comptes). La faible hauteur du sol dans la nouvelle ville permettait à la mer de refouler le ruisseau de la Garenne, et de pénétrer par les douves jusqu'à St-Nicolas et à la rue du Mené d'un côté et jusqu'à la porte de St-Salomon de l'autre. Après l'extinction des ducs de Bretagne et l'union de la province à la France, la communauté de la ville de Vannes dut prendre à sa charge l'entretien des remparts. C'est ainsi qu'en 1576, au moment de la révolte du duc d'Alençon et des Malcontents, on la vit ordonner de réparer les murs et de curer les douves.

Pendant la Ligue, sous l'inspiration du duc de Mercœur, on construisit deux bastions où éperons de forme pentagonale, pour le service de l'artillerie. Le bastion L, dit de Kaer et de Brozillay, fut achevé en 1593, suivant une inscription contemporaine. Le bastion C de la Porte-Neuve, fut élevé vers 1593, mais il n'eut son enveloppe de pierres de taille qu'en 1616.

C'est également en 1616, que la communauté de ville fit commencer l'éperon M, vers le sud-ouest, l'éperon N, devant la porte de Gréguiny, et l'éperon R, devant la porte de Calmont. Dix ans après, en 1626, elle entreprit l'éperon T, entre le château de l'Hermine et la tour du Connétable.

La ceinture murale de Vannes était complète. Elle ne recevra plus d'augmentation ; au contraire, elle subira de déplorables mutilations dans la suite des âges. Il est donc à propos de profiter du moment pour examiner en détail ses tours et ses portes.

III. TOURS ET PORTES.

Pour éviter la confusion, il faut avoir sous les yeux le plan qui accompagne cette étude, et suivre de proche en proche les points marqués par les lettres de l'alphabet.

A. — *Porte de St-Pater*, ou de St-Patern, la plus imposante de la ville, avec ses deux tours, ses machicoulis, sa voûte ogivale et son écusson de Bretagne. Elle a été parfois appelée *Porte Avane*. Affectée à la détention des hommes, jusqu'en 1828, elle en a conservé le nom de *Porte-Prison*. Depuis 1886, elle est privée de sa tour méridionale, la ville ayant refusé de la racheter.

B. — *Porte de St-Jean*, en face de la chapelle de ce nom ; elle s'appelait anciennement *Porte de l'Ane*, on ne sait pourquoi, et elle avait été fermée avant 1358. Rétablie en 1686, elle reçut les noms successifs de *Porte du Mené, du Bourreau, et du Nord*. La tour voisine s'appelait *Tour des Filles*, parce qu'elle servait de prison aux femmes ; le bourreau y fut ensuite logé, et Sombreuil y a passé, en lui laissant son nom.

C. — *Porte de Notre-Dame*, sur la rue de ce nom, aujourd'hui rue de l'Hôtel-de-Ville. Au-dessus de la porte, du côté de la ville, était une statue de Notre-Dame, surmontée d'un petit toit ou *ballet*, de là le nom de rue et de porte du *Balli*, qu'on trouve dès 1387. La porte, ayant été refaite en 1429, fut appelée désormais *Porte-Neuve* ; elle a été démolie en 1784.

La construction du bastion C eut pour conséquence la création d'une seconde porte, à l'ouest de la première, avec douve, pont-levis et barrière. La tour la plus voisine de la rue N.-D. et dépendante du château de la Motte, fut englobée dans le bastion ; celle du sud D, appelée Tour *Bertranne*, fut épargnée et ne disparut que vers 1657.

E. — *Porte St-Salomon*, située sur la rue conduisant au faubourg et à l'église de ce saint. Elle n'a jamais changé de nom, et elle avait à son sommet, comme les autres portes, une guérite ou sentinelle. Elle n'a été démolie qu'en 1791 ; on voit encore dans la cour voisine (N° 15) la poterne servant aux piétons, et l'amorce d'un escalier descendant chez les Cordeliers.

F. — *Porte Mariolle,* située sur la rue St-François ou rue Noé Elle tirait probablement son nom de quelque propriétaire du voisinage ; elle disparut après la construction de la seconde enceinte, et aujourd'hui il n'en reste aucune trace.

G. — Ce point représente, d'une manière approximative, l'emplacement d'une porte, correspondant d'une part à la rue des Halles, et d'autre part « à la rue par où les cherrètes soleint aller de la porte St-Pater au port. » (1375).

H. — Place d'une porte présumée, pour mettre en communication le centre de la ville avec les diverses maisons mentionnées en 1375. Le Rentier du Chapitre en 1387 cite une porte *Hubiou,* qu'on ne sait où placer.

I. J. — Ces deux tours s'appelaient en 1640, la première, tour *Poudrière,* la seconde, tour *Joliette;* leurs noms anciens sont inconnus.

Telle était la série des tours et des portes de la première enceinte. Passons maintenant à la seconde.

K. — *Tour St-François.* Son nom vient du couvent des Cordeliers, qui l'avoisinait ; on la trouve en 1666 désignée sous le nom de *Tour des Filles*, mais c'est probablement par erreur, car elle n'a jamais servi de prison aux femmes ; les religieux en avaient la jouissance dans les derniers temps.

L. — *Bastion de Kaer,* dit aussi éperon de Brozillay, achevé en 1593, et délaissé plus tard aux Cordeliers, à titre de jouissance seulement ; il a été presque entièrement démoli en 1896, pour faire place à un nouvel hôtel des Postes.

M. — *Bastion anonyme*, dit parfois éperon de Haute-Folie, achevé en 1618, et voisin en 1640 de la maison de Marin Millet ; il subsiste toujours dans son intégrité, mais il est masqué par des maisons modernes.

N. — *Porte de Gréguenic,* située au bas de la Poissonnerie ; on l'appelait aussi porte de *Kaer,* parce qu'elle conduisait à la terre de ce nom, sur la rive droite du port. Le bastion commencé en 1616, en dehors de cette porte, l'a mise hors de service.

Entre cette porte et la suivante, il y avait dans la muraille une voûte, fermée d'une grille de fer, pour le passage du ruisseau venant du moulin des Lices.

O. — *Porte de St-Vincent*, en face du port, à l'extrémité de la rue du même nom. Ouverte sous la Ligue, puis bouchée pendant les troubles, elle ne fut achevée qu'en 1621 et 1622. Elle comprenait une grande porte et une poterne, avec ponts-levis ; au-dessus du cintre on plaça la statue de saint Vincent Ferrier en 1624, et l'image de Notre-Dame du côté de la ville ; au-dessus de la muraille fut construit un corps de garde. A la suite du pont-levis, était un pont dormant, qui s'avançait vers le port et qui se partageait ensuite en deux branches, l'une vers la terre de Kaer, l'autre vers Calmont ; les extrémités de ces ponts étaient fermées de grosses barrières de bois.

La mer rongea bientôt les bases du pont et de la porte, et en 1704, il fallut tout restaurer. C'est alors que la porte de St-Vincent fut refaite telle qu'on la voit aujourd'hui, avec sa baie, ses niches et ses colonnes de style renaissance. La statue du saint, remise en place, fut renversée en 1793, supplantée par un sans-culotte à bonnet phrygien, et rétablie après le Concordat. Vers 1838, on a comblé les bassins de l'avant-port, en ménageant des canaux souterrains, et l'on a créé la place du *Morbihan*. En même temps on a bâti les maisons formant un hémicycle : elles offrent sans doute un aspect gracieux, mais elles masquent complètement la vue imposante des murs et des tours de la ville. Enfin en 1891 on a renouvelé la statue de saint Vincent et placé sous ses pieds les armes de la cité.

P. — *Tour Trompette*, servant jadis à loger le trompette de la ville, occupée et brûlée en 1597 par les Espagnols, et réparée depuis.

Q. — *Tour de Calmont*, voisine de la porte de ce nom.

R. — *Porte de Calmont*, donnant accès au quartier du même nom ; elle fut protégée en 1616 par un bastion qui n'existe plus ; son pont-levis a disparu et la porte elle-même est condamnée.

S. — *Château de l'Hermine* : son histoire est réservée pour un paragraphe spécial.

T. — *Porte-Poterne,* ouverte en 1678, lorsque le château de l'Hermine était en ruine ; le pont vers la Garenne, construit d'abord en bois, le fut ensuite en pierres.

T' — *Eperon de la Garenne*, bâti en 1627, renfermant à l'intérieur une vaste chambre voûtée, et au-dessus une guérite.

U. — *Tour du Connétable*, à l'extrémité de la basse-cour du château ; elle doit son nom au connétable Olivier de Clisson, qui y fut traîtreusement arrêté en 1387 : c'est actuellement la plus belle tour de la ville, et elle se présente admirablement entre deux longues courtines, quand on l'examine du côté de la Garenne.

IV. Eglise Cathédrale (X).

Après avoir fait le tour de la ville, pénétrons dans l'intérieur pour étudier ses principaux monuments, et commençons par l'église cathédrale.

En 465, un concile provincial se réunit à Vannes, pour le sacre de saint Patern ; l'assemblée se tint dans l'*église* de Vannes, *in ecclesia Venetica*. Voilà la première mention de la cathédrale. Etait-elle construite en pierres, était-elle en bois, comme beaucoup d'églises de cette époque ? — On l'ignore absolument.

En 919, les Normands envahirent le pays, mettant tout à feu et à sang ; ils brûlèrent Vannes et son église, et empêchèrent longtemps toute restauration.

Après l'expulsion des pirates, et après les terreurs de l'an 1000, on voulut rebâtir la cathédrale. C'est l'évêque Judicael qui entreprit, vers 1020, cet immense travail : il était le frère du duc Geoffroy I, et à même plus qu'aucun autre de mener l'entreprise à bonne fin. *Le sanctuaire* de cette église, qui a subsisté jusqu'en 1770, avait 40 pieds de longueur, et était entouré de huit piliers romans, réunis par des arcades. Tout autour régnait un déambulatoire, qui desservait trois chapelles rayonnantes, semblables à celle de Saint-Gildas de Rhuys. La chapelle du fond était dédiée à Notre-Dame de Pitié, celle du nord à saint André, et celle du sud à sainte Anne. L'autel majeur était vers le fond du sanctuaire, à l'endroit où se trouvent aujourd'hui les stalles de l'évêque et des chanoines.

Les *transepts*, ou les bras de la croix, occupaient la même place que ceux d'aujourd'hui, et les autels étaient placés, comme à Saint-

Gildas, dans des enfoncements semi-circulaires. Quatre gros piliers formaient l'inter-transept, et soutenaient un clocher, qui s'élevait majestueusement au-dessus du toit de l'église. Dans ce carré de l'inter-transept se troùvait le *chœur* proprement dit. Deux rangées de stalles hautes et basses en bordaient les côtés. Là se plaçaient, pour chanter l'office divin, l'évêque, l'archidiacre, le trésorier, le scolastique, les quatorze chanoines, les deux archiprêtres, les choristes ou simples chantres, les musiciens et les enfants de la psallette. De là tout le clergé voyait le célébrant à l'autel et pouvait suivre tous ses mouvements.

La *nef* s'étendait jusque vers le portail actuel, et était divisée en trois parties par deux rangées de colonnes, faisant suite aux piliers du chœur. Cette nef, un peu moins large que celle d'aujourd'hui, était garnie d'autels sur les côtés, et précédée d'un porche ou narthex, qui rappelait l'ancien parvis ou atrium.

Cette église *romane* du XIe siècle subsista longtemps dans son intégrité. Elle vit s'élever, au commencement du XIIIe siècle, au nord de son portail, une tour carrée, qui existe encore, et au sud, une tourelle massive, remplacée de nos jours par une élégante construction. Elle vit ensuite, au commencement du XIVe siècle (1331), bâtir la chapelle de Saint-Jean-Baptiste, en face de la rue actuelle du Nord, chapelle qui n'a été démolie qu'en 1856.

Cependant, au bout de quatre siècles, l'église menaçait ruine dans quelques-unes de ses parties, et une reconstruction graduelle était nécessaire. En 1454, l'évêque Yves de Pontsal, de concert avec le chapitre, grâce aux bulles des souverains pontifes et aux aumônes des fidèles, entreprit la réédification de la nef, telle qu'on la voit aujourd'hui. C'est un large vaisseau, ayant de chaque côté cinq chapelles, séparées par des murs épais. La consécration s'en fit au mois d'octobre 1476.

Après la nef et la façade, vint le tour des transepts. Le croisillon du sud fut commencé en 1504, le carré de l'inter-transept en 1516, et le croisillon du nord vers 1520. Le style de cette seconde partie est ogival, comme celui de la nef; mais la renaissance se fait déjà sentir dans quatre petites arcades en plein cintre, et surtout dans deux espèces de contreforts ajoutés aux deux gros piliers du chœur du côté de la nef. La renaissance règne seule dans la chapelle circulaire du Saint-Sacrement, construite en 1537, aux frais de l'archidiacre Jean Daniélo, et dans la colonnade du cloître, commencée vers 1530.

Il ne restait plus à faire que le sanctuaire. Dès 1536, on avait jeté les fondements de la chapelle absidale et des autres chapelles rayonnantes ; mais bientôt les ressources firent défaut et les travaux furent suspendus. Ce n'est que deux siècles plus tard que l'œuvre fut reprise. Mgr de Bertin et le chapitre, après avoir fait faire la voûte de l'église, firent démolir en 1770 le vieux sanctuaire roman, qui menaçait ruine. Puis, au lieu d'utiliser les fondements jetés au XVIe siècle, ils réduisirent leur projet, par économie, à la construction d'un chœur de style grec, dans les dimensions restreintes de l'ancien édifice. A cette faute capitale on ajouta le tort de transporter les stalles du clergé au fond de l'église et de placer l'autel au milieu des transepts, en sorte que les chanoines ne voient plus le célébrant, et que, pour protéger celui-ci contre les courants d'air, on a dû fermer deux portes monumentales, celle des Ducs au sud et celle des Chanoines au nord.

Depuis quelques années, l'église cathédrale de St-Pierre a reçu diverses améliorations. Outre la façade de l'ouest reconstruite en entier, les fenêtres de l'édifice ont été garnies de meneaux et de vitraux peints. Les connaisseurs admirent le maître-autel en marbre, sculpté par Dominique Fossati, de Marseille ; les statues de saint Pierre et de saint Paul, et le tombeau de Mgr de Bertin, dus à Christophe Fossati ; le tableau de la résurrection de Lazare par Destouches, et celui de la mort de saint Vincent Ferrier par Gosse... On peut visiter aussi avec intérêt le tombeau moderne de saint Vincent, et dans la chapelle de son nom sa statue en terre cuite, la statue de saint Guénael, le tombeau de Mgr Sébastien de Rosmadec, mort en 1646, et celui de Mgr François d'Argouges, mort en 1716. Le trésor, peu considérable, renferme quelques vases sacrés, diverses reliques, et un curieux coffret du XIIe siècle, orné de peintures. (Voir *Histoire de l'église cathédrale*, 1882, pour plus amples renseignements.)

V. CHATEAU DE LA MOTTE. (Y)

Le château de la Motte était situé vers l'angle nord-ouest de l'enceinte gallo-romaine, au point culminant de la ville (C. Y). Peut-être même avait-on exhaussé le sol avec des terres rapportées, comme semble l'insinuer le nom de Motte.

L'origine de ce château est assez obscure. A-t-il été construit pendant la domination romaine ? — C'est peu probable, car les enceintes romaines de Tours, du Mans, d'Orléans, d'Auxerre..., dessinées par M. de Caumont, ne présentent aucun château, et on ne voit pas pourquoi Vannes aurait fait exception.

Après la chute de l'empire en 409, la situation changea complètement : chaque cité recouvra son indépendance primitive, et le gouverneur dut avoir dès lors une demeure séparée et même fortifiée. Tout porte donc à croire que Eusèbe, qualifié *roi* de Vannes vers 500, habitait un véritable château, et que ce château était celui qui a été depuis connu sous le nom de la Motte.

Le P. Albert le Grand dit que le corps de sainte Trifine fut apporté, vers 547, au château de la Motte, chez le comte Guérech, son père, et que là saint Gildas lui rendit la vie. Il admet donc l'existence du château dès cette époque, et il semble avoir raison ; mais il se trompe en y plaçant des princes bretons : ils ne devinrent maîtres de la ville et du château que quelques années plus tard.

Le château de la Motte servit de manoir aux comtes Macliau en 560, Waroch II en 577, et à leurs héritiers.

Il fut plus tard occupé par le prince Nominoé et par plusieurs de ses successeurs, rois ou ducs de Bretagne.

Ruiné par les Normands, il fut restauré par les ducs, et habité passagèrement par Pierre de Dreux et par Jean I.

La Chronique de St-Brieuc nous dit qu'en 1286, avant la mort de Jean I, arrivée le 8 octobre, la terre trembla dans toute la Bretagne,

pendant quarante jours, et plusieurs fois par jour, surtout à Vannes,
où le tremblement fut continuel, et renversa de nombreux édifices ;
après la mort du duc, le tremblement se fit sentir encore près d'un
an, particulièrement à Vannes, mais avec des intervalles (Pr. I. 14).

Le château ducal de la Motte, déjà négligé par suite de la pré-
férence que Jean I donnait au château de Sucinio en Sarzeau, endommagé peut-être par ce tremblement de terre ou par une cause
antérieure, fut cédé en 1287 par le duc Jean II à l'évêque de Vannes,
dont le manoir avait sans doute souffert du bouleversement général.

Le manoir épiscopal avait été jusqu'alors attenant à la cathédrale.
Ses dépendances étant presque nulles, l'évêque Henri Torz l'abandonna, et « fit édifier l'an 1288 la maison épiscopale de la Motte. »
Ce renseignement, donné par l'archidiacre Claude Gouault, vers
1640, d'après d'anciens documents, est précieux, parce qu'il fournit
une date précise.

Ce manoir, construit à la fin du XIIIe siècle, appartenait nécessairement au style ogival, et il devait avoir à ses angles et à ses murs
de nombreux contreforts, comme les autres édifices épiscopaux de
la même époque.

Divers actes furent passés « au manoir épiscopal de la Motte »,
en 1372, 1379, 1398, (Prières, — Pr. II, 232.. Chapitre) : ils
prouvent que les évêques y demeuraient déjà, et qu'on a tort de
descendre jusque vers 1420, pour les y introduire. C'est dans la
grande salle de ce manoir que se réunirent les Etats de Bretagne en
1532, et qu'ils votèrent l'union de la province à la France. C'est
dans le même lieu que se tenaient, tous les ans, à la Pentecôte et à
la Saint-Luc, les assemblées ou synodes du clergé diocésain.

On entrait dans cette demeure par un portail donnant sur la rue
de Notre-Dame ou du Baly, et l'on traversait une cour spacieuse
pour arriver au manoir, qui était adossé au mur de la ville. On
voyait à droite, vers l'est, un jardin de moyenne grandeur, et à
gauche, vers l'ouest, divers bâtiments accessoires, servant de secrétariat, d'auditoire pour le tribunal des régaires, de prison et d'é-
curies. En 1623, l'évêque Sébastien de Rosmadec afféaga une bande

de terrain, située entre ses écuries et son portail, le long de la rue de Notre-Dame, avec permission d'y construire des maisons. (Evêché G.)

Cependant le vieux manoir, bâti en 1288, s'en allait de vétusté, quand Mgr Charles de Rosmadec entreprit de le reconstruire en 1654. Le clergé diocésain, au synode de la Pentecôte de cette année, lui alloua une somme de 6,000 livres. Pendant les travaux, qui durèrent environ 18 mois, l'évêque logea dans la maison de l'archidiacre, tout près de la maison de l'Officialité, qu'on appelait aussi le petit évêché.

Le nouveau manoir épiscopal, adossé au mur de la ville, comme l'ancien, offrait une façade à trois étages, ayant chacun neuf ouvertures ; un mur de refend le divisait dans toute sa longueur. Voici quelle était sa distribution intérieure :

Au rez-de-chaussée, au milieu, était la porte d'entrée, ayant à gauche une première et une seconde cuisine ; à droite de l'entrée, l'office et le secrétariat ; au nord, entre le corridor et le mur de la ville, il y avait plusieurs celliers ; la façade orientale avait trois fenêtres.

Un perron monumental à double escalier conduisait de la cour au premier étage, et donnait accès à une grande salle, ayant deux chambres à l'ouest, et deux autres à l'est ; au nord de ces appartements étaient plusieurs cabinets, donnant sur le mur de la ville.

Au second étage, même distribution. Les évêques ont habité tantôt le premier, tantôt le second étage. Au troisième, un corridor desservait deux séries de chambres pour les domestiques et divers services (Procès verb. 179. N.).

Mgr Casset de Vautorte fit construire un cabinet sur la terrasse et refaire le portail de la cour ; il rendit un aveu détaillé pour le tout en 1683 (Evêché G.).

Mgr d'Argouges acquit en 1688 les douves du Mené, qu'il convertit en un grand jardin ; plus tard il acquit la moitié du bastion de Notre-Dame, où il fit faire un pavillon et un jardinet ; en 1716 il légua le tout à ses successeurs.

Le palais épiscopal, abandonné en 1791 par Mgr Amelot, devint en 1800 le siège de la préfecture du Morbihan. Vendu en 1866, avec ses dépendances, pour la somme de 110,000 francs, il a été démoli en majeure partie l'année suivante, pour y faire passer la rue Billault. Ce qui en reste dans l'hôtel de France, — deux fenêtres de façade à chaque étage, — permet de le reconstituer par la pensée et par le dessin.

VI. Chateau de l'Hermine (S).

Depuis 1287, les ducs n'avaient plus de château à Vannes ; quand ils venaient au pays, ils logeaient à Sucinio et chassaient dans le parc. Ainsi en agirent Jean II, Arthur II et Jean III. Mais Jean IV, le vainqueur d'Auray, en bâtissant la nouvelle enceinte de Vannes, voulut y annexer un château.

En conséquence, il acquit en 1380, comme il a été dit, le moulin et l'étang des Lices, et donna en échange à l'abbaye de St-Gildas de Rhuys son moulin de Pencastel en Arzon.

Il prit encore d'autres terres, comme le prouve une clause de son testament en 1385 : « Item voulons que toutes les terres, maisons et autres pièces, qui ont été prises, tant de la terre de l'Eglise que d'autres personnes, pour l'œuvre et réparation de nostre chastel de l'*Hermine*, soient prisées justement et paiées à ceux qu'il appartiendra. » (Pr. II. 497.)

Voici la description de ce château, donnée en 1582 par Bertrand d'Argentré : « Le duc faisoit lors bastir le chasteau de l'Hermine, qui est situé en un costé de la ville de Vennes, regardant sur un bras de mer, qui donne aux murailles de la ville. C'est un petit bastiment pour un prince, qui consiste dans un seul corps de logis, et force petites tours, issantes les unes et autres sur la douve, grande partie portée en muraille et demy-tour, et y a outre deux grosses tours par le dehors. » (Hist. p. 705.)

Cette description ne concerne que le château proprement dit, réservé au duc et à sa famille ; sa forme était celle d'un pentagone irrégulier, avec des douves profondes remplies d'eau. Il y avait en outre vers le nord et jusqu'à la tour du Connétable un espace considérable, protégé par des murs et des douves et appelé la Basse-cour du château. Il y avait là des bâtiments, pour loger les gens d'armes et les troupes du duc, et des écuries pour recevoir les chevaux. Tout à côté était le champ de manœuvres, qui a conservé jusqu'à nos jours le nom significatif de place des *Lices*. C'est sur cette place qu'eut lieu, en 1381, un combat singulier, où cinq Bretons battirent cinq Anglais. (Lobin. H. p. 440.)

Le château de l'Hermine et son annexe étaient presque terminés, quand le 25 juin 1387, le duc les fit visiter par le connétable Olivier de Clisson et par d'autres seigneurs. « Il les mena par la main, dit Froissart, de chambre en chambre, et d'édifice en édifice ; quand ils eurent fait le tour, le duc s'en vint à la maîtresse tour, » (U), où il fit arrêter Clisson, tour qui depuis a conservé le nom du Connétable.

Pour avoir un parc en miniature auprès de son château de l'Hermine, Jean IV avait obtenu du prieur de St-Guen, dépendant de St-Gildas, l'afféagement de la Garenne et des terres voisines, depuis la ville jusque vers l'étang du duc ; et le 11 janvier 1387 (N. S. 1388) il assigna audit prieur une rente annuelle de 10 livres, 6 sols et 1 denier sur sa recette de Vannes.

C'est au château de l'Hermine que naquit en 1389 Pierre de Bretagne, qui devint duc en 1399 sous le nom de Jean V. C'est dans ce château qu'il demeurait, quand il reçut à Vannes en 1418 saint Vincent Ferrier, et qu'il le vit prêcher sur la place des Lices. C'est dans ce château que mourut la pieuse duchesse Jeanne de France le 20 septembre 1433. C'est là que séjournèrent souvent les ducs François I et Isabeau d'Ecosse, Pierre II et la B. Françoise d'Amboise. C'est là qu'eut lieu le festin du mariage de François, comte d'Etampes, avec Marguerite de Bretagne, le 16 novembre 1455 (Lobin. H. 661). Sous François II, le chancelier Chauvin, poursuivi par Landais, fut enfermé au château de l'Hermine, et y mourut de misère le 5 avril 1483.

Abandonné aux capitaines ou gouverneurs de Vannes, pour leur servir de logement, le château de l'Hermine fut visité en 1518 et

1532 par le roi François I (Pr. III. 946, 997). Il avait pour capitaines en 1543 et 1556, M. de Monterfil, en 1573 François de Kerméno, s^r de Keralio, en 1590 René d'Aradon, s^r de Kerdréan, et en 1625 Pierre de Lannion.

Cependant il s'en allait graduellement en ruine, par insuffisance de réparations, et il commençait à gêner l'expansion de la ville. En 1614, les Etats de Bretagne réunis à Nantes, pris d'un zèle exagéré pour la sécurité intérieure du pays, demandent au roi Louis XIII qu'on démolisse diverses forteresses de la province, et notamment « que le château de Vannes soit entièrement ruyné du costé de la ville, en sorte que l'on ne s'y puisse habituer, et la fosse comblée du costé de la ville. » — Le roi concéda cet article, et les douves furent comblées.

Plus tard, on bâtit sur les Lices les deux grandes maisons qui masquent la Basse-cour, et celles qui cachent l'étang de l'Hermine ; en 1678 on ouvrit la porte Poterne, pour faire suite à la nouvelle rue de ce nom ; puis on acheva la rue de St-Vincent, pour loger les membres du parlement exilé à Vannes (1675—1689).

Le château de l'Hermine, malgré ces mutilations, était resté la propriété du roi. Sur la demande de la communauté de la ville, Louis XIV, par lettres patentes du mois de mars 1697, en fit don aux habitants et maire de Vannes, et leur permit de le démolir et d'en employer les pierres à divers travaux publics. — En vertu de ce don, la ville fit réparer ses murailles, reconstruisit le pont de St-Vincent, bâtit les quais de Calmont-bas (1726—1735) et fournit quelques matériaux à l'hôtel-Dieu et à la Retraite des hommes (1750).

Enfin, le 18 octobre 1784, la communauté afféagea au sieur Julien Lagorce, traiteur, l'emplacement du château, avec les restes des murs et des deux grosses tours : ce qui fut approuvé par l'intendant le 11 mars 1785. L'acquéreur y fit construire un grand hôtel, qu'il vendit à M. Castelot le 24 août 1802. Cet édifice, restauré et surélevé, a été acquis en 1874 par l'Etat, pour en faire une école d'artillerie. Depuis ce temps, l'étang des Lices a été comblé et le moulin démoli.

VII. Maison de ville (V).

Tout près de la basse-cour de l'Hermine, au point marqué V sur le plan, se trouve un emplacement de maison, qui a été occupé successivement par des particuliers, par la Cour des Comptes, par le parlement et par la communauté de ville.

Le premier propriétaire connu est Geoffroy de Clesse, de la paroisse de Theix, qui vivait en 1350. Geoffroy Denis occupait ce manoir en 1375, comme on le voit par la fondation de Talevaz, mentionnée ci-dessus au § II.

C'est là que vint s'installer, quelques années plus tard, la Chambre des Comptes des ducs de Bretagne. Elle y siégeait en 1395, 1412, 1429, 1450, 1485. Elle quitta Vannes en 1500, sur l'ordre du Roi et de la Reine, pour se fixer à Nantes, et y fit transporter ses archives.

Au mois de décembre 1534, le roi François I, considérant que l'ancienne maison des Comptes « seroit commode pour tenir la cour et parlement de Bretagne, » l'affecta à cet usage, « à la charge toutefois que les habitans seroient tenus de mettre le dit bastiment en due réparation... »

Le parlement ayant été transféré à Rennes en 1554, la maison redevint libre. C'est alors que la communauté de la ville songea à la demander au roi, pour y tenir ses séances. « On ignore, dit M. Lallemand, l'époque à laquelle les habitants de Vannes furent appelés à se constituer en *communauté* ou corps politique ; mais il est probable que pendant les guerres de la succession, les bourgeois de la ville, qui y jouèrent un grand rôle, eurent l'occasion de s'organiser et de se donner des représentants. Nous avons vu en effet leur Conseil de ville traiter avec Charles de Blois en 1342, malgré Geoffroy de Malestroit, gouverneur de Vannes pour Montfort, et l'obliger à sortir de ses murs avec les gentilshommes de son parti. » (*Origines*, p. 143). — On ignore également la composition et le lieu de réunion de ce Conseil primitif.

Voici la requête adressée au roi en 1558 : « Sire, il y a en notre ville de Vennes une maison qui vous appartient, la maison de la Chambre des Comptes. Pour ce qu'elle a été longtemps inhabitée, elle est aujourd'huy si caducque et ruynée qu'elle est preste à tumber, de façon qu'elle usera presque autant qu'elle vaut à rebastir. Non obstant laquelle ruyne, pour ce que les habitans n'ont point de maison commune, pour traicter leurs affaires communes, mesmes pour retirer le peu de munitions de guerre qu'ilz ont, comme il leur est très requis, estant ville limitrofe et de frontière, scituée et assize sur un havre de mer. Et pour ce les dits habitans supplient très humblement Votre Majesté de leur bailler et délaisser la dite maison, pour y faire une maison de ville, à charge d'acquiter la rente deue sur icelle à quelques particulliers, et de vous payer chacun an à votre propre domaine de Vennes la somme de cinquante sols de rente... » (Mairie. Arch.).

Cette requête fut agréée en 1560. La ville rebâtit alors la maison telle qu'on la voit aujourd'hui ; il ne reste de l'ancien édifice qu'une porte ogivale à demi-enterrée. Une tour carrée et massive fut construite en 1583, pour recevoir une grosse cloche ; elle n'a été démolie qu'en 1863. En avant s'étendait une place à peu près carrée, bordée de maisons particulières, qui ont été graduellement supprimées. Le perron qui conduit au premier étage de la maison de ville n'a été construit qu'en 1811.

La *communauté* de ville, lorsqu'elle reçut son développement complet, comprenait le gouverneur de la ville, le président ou sénéchal, l'alloué ou le lieutenant, le doyen des conseillers, le procureur du roi et son substitut, l'évêque ou son grand vicaire, les quatre dignitaires de la cathédrale, le doyen et deux chanoines du chapitre, les quatre recteurs de Vannes, les quatre plus anciens gentilshommes de la ville, le syndic et miseur en charge, les anciens syndics et miseurs, six avocats des plus anciens, les officiers de la milice bourgeoise, douze bourgeois notables, et six anciens notaires ou procureurs. — Une telle assemblée représentait mieux les diverses classes de la société que nos conseils municipaux actuels.

La communauté était présidée, depuis 1560 au moins, par le

gouverneur de Vannes, et ce droit fut formellement reconnu par le lieutenant du roi en 1628. En son absence, la présidence appartenait au président du présidial ou au sénéchal, qui se la disputèrent longtemps. En 1692 elle fut dévolue au maire, qu'un édit de Louis XIV venait de créer dans chaque communauté de ville.

La révolution française supprima la communauté de ville et la remplaça par le Conseil de la commune, dit plus tard Conseil municipal. Le maire, d'abord élu, puis nommé par l'autorité centrale, fut maintenu comme président du Conseil et chef de l'administration urbaine.

L'ancienne maison de ville servit de siège à la nouvelle administration municipale : et il en fut de même jusqu'en 1880, où M. Burgault voulut construire une nouvelle mairie, sur la place du Marché, dite aussi place Napoléon. Les plans et devis approuvés montaient à 410,938 francs, mais comme il arrive presque toujours les prévisions furent dépassées, et ce luxueux palais coûta 793,698 f. c'est-à-dire à peu près le double du devis. C'est le 1er août 1886, que l'administration municipale a pris possession du nouvel hôtel de ville et a quitté l'ancienne mairie, qui depuis attend la décision de son sort.

VIII. HALLE ET PRÉSIDIAL (V').

Entre la rue des Halles et l'église cathédrale se trouvait le marché couvert, appelé primitivement la *Cohue*, et plus tard la *Halle*. Au-dessus était le tribunal de la *Sénéchaussée*, remplacé ensuite par celui du *Présidial*.

La Cohue existait dès 1220 au moins. Elle se compose actuellement de trois nefs, ou de trois halles, dont l'âge, très respectable, est difficile à préciser. La façade du côté de la cathédrale, masquée par des maisons, ne laisse plus voir que le portail de la chapelle du présidial ; c'est une porte ogivale, entourée d'une archivolte à chevrons, flanquée de colonnettes et surmontée d'une étroite fenêtre romane : caractère qui marque la transition ou le commencement du XIII° siècle. L'intérieur de la chapelle, occupé aujourd'hui par les pompes de la ville, présente dans les côtés deux grandes portes actuellement bouchées, qui établissaient jadis une communication avec les nefs latérales de la halle. La façade de l'ouest a été refaite au commencement du XIXᵉ siècle.

La Cohue appartenait primitivement aux ducs de Bretagne et puis aux rois de France ; aussi les places étaient-elles louées à leur profit. Les bouchers, les boulangers, les toiliers et autres marchands s'y rendaient aux jours de foire et de marché, et ne pouvaient pas étaler ailleurs sans autorisation. Ainsi les boulangers de Bobalgo ayant voulu, en 1644, s'établir sur la place du Marché et au pont de St-Vincent, furent condamnés à revenir à la halle, sous peine d'une amende de dix livres. Après le départ du parlement en 1689, le commerce baissa et la halle fut moins fréquentée. Le fermier des places fit constater, par un procès-verbal du 1ᵉʳ mars 1690, que la plupart de ses locataires n'y venaient plus ; de dix-sept boutiques, louées en moyenne 18 livres chacune, il n'y en avait plus que trois ou quatre qui fussent occupées : c'était une perte importante pour lui et pour le roi.

Plus tard la situation s'améliora et se maintint satisfaisante jusqu'à la Révolution. Quand vint la liberté du commerce, la halle fut peu à peu délaissée ; seuls les bouchers lui restèrent fidèles jusque vers 1840, en occupant toute la nef méridionale. Aujourd'hui la halle est un magasin de décharge pour la ville.

Au-dessus de la halle se trouvaient plusieurs chambres, dont la principale servait d'auditoire ou de salle d'audience à la *Sénéchaussée*. C'est grâce à ce voisinage, que les contestations commerciales pouvaient être jugées sur-le-champ ; des prisons même étaient ménagées au rez-de-chaussée de la halle.

La sénéchaussée était ainsi nommée du *sénéchal*, qui la présidait, et qui était assisté d'un alloué ou lieutenant, de plusieurs conseillers et d'un greffier, sans compter un procureur du roi et ses substituts. Sa juridiction, qui s'étendait primitivement sur tout le pays de Broérech, avait été graduellement diminuée, et ne s'exerçait plus en dernier lieu que de Grandchamp à la Vilaine et de l'Océan à la

Claie. C'est encore à peu près le ressort du tribunal de première instance de Vannes.

A côté de la sénéchaussée, le duc François II avait établi, le 27 septembre 1485, à Vannes, un *Parlement* dit des *Grands jours,* siégeant deux mois par an, ayant juridiction sur toute la Bretagne, et jugeant toutes les affaires que le parlement des Etats n'avait pas eu le temps de régler. Charles VIII en 1493, Louis XII en 1500 et François I en 1515 maintinrent ce parlement à Vannes. Il siégeait dans une maison, dite depuis du *Parlement,* ou *Château-Gaillard,* située au haut de la rue Noé, n° 2. C'est un édifice retouché au XVIe siècle, où se trouvent de vastes salles, des sculptures remarquables, et des peintures représentant la vie des Pères du désert, par allusion au nom du président Louis des Déserts, qui l'habitait en 1528. Cette maison appartenait alors au Chapitre de Nantes, et était louée 40 livres, puis 50 livres par an. En 1534, le roi François I trouva plus économique d'affecter au parlement l'ancienne maison de la Cour des comptes, en laissant aux habitants le soin de la restaurer.

Arrive ensuite Henri II, qui modifie toute cette organisation judiciaire. Par lettres du mois de mars 1553, il crée un Parlement permanent et le divise en deux chambres, dont l'une doit siéger à Rennes et l'autre à Nantes. Pour dédommager Vannes, il y érige, dès le 17 juin 1552, un tribunal intermédiaire, appelé *Présidial,* ayant une compétence et un ressort bien plus étendus que ceux de l'ancienne sénéchaussée. Les nouveaux magistrats, savoir, un président, un lieutenant criminel et sept juges ou conseillers, furent installés le 3 août 1553.

En remplaçant la sénéchaussée, le présidial occupa le même local, au-dessus des halles. C'est là que se jugeaient les affaires ordinaires de la sénéchaussée de Vannes et les affaires réservées des sénéchaussées voisines. C'est là que se réunissaient les Etats de Bretagne, quand ils siégeaient à Vannes, comme ils le firent en 1567, 1572, 1577, 1582, 1599, 1610, 1629, 1643, 1649, 1667, 1691, 1693, 1695, 1699, 1703. C'est là que s'assemblait le parlement de Bretagne pendant son exil à Vannes (1675—1689). C'est là que siégeaient aussi les juridictions de l'Amirauté, des Traites, de la Maréchaussée, de la Maîtrise des eaux et forêts, de la Police, et les juridictions seigneuriales de Boismoraud, de Saint-Guen, de l'Ile-d'Arz, et de Kermainguy en Grandchamp.

Supprimé, comme toutes les justices seigneuriales, le présidial de Vannes fut remplacé en 1790, par un tribunal de district, qui subit ensuite de nombreuses modifications, avant d'arriver à l'organisation actuelle, qui date de 1811.

Délaissée par les tribunaux, l'ancienne salle du présidial a été transformée en théâtre municipal, où des troupes de passage viennent de temps en temps donner des représentations.

IX. Couvent des Cordeliers (Z).

Les *Frères Mineurs*, appelés plus tard *Cordeliers*, furent établis à Vannes en 1260 par le duc Jean I. Leur couvent (Z) fut bâti au sud-ouest de la cathédrale, en dehors du vieux mur de la ville. Il était presque voisin du manoir de Kaer (Z'), dont les seigneurs lui firent plus tard quelques libéralités. Il ne nous est resté aucune description de ce monastère primitif, mais on doit croire qu'il se composait, comme dans les siècles suivants, d'un carré d'édifices autour d'un cloître.

La chapelle, sous l'invocation de saint François d'Assise, dédiée le 31 mai 1265, par Guy de Conleu, évêque de Vannes, formait le côté sud du monastère. Elle avait la forme d'un parallélogramme allongé, qui mesurait environ 34 mètres de longueur sur 14 de largeur, et dont le style appartenait nécessairement au XIII° siècle. On y arrivait directement en descendant la rue Noé, qui s'est appelée longtemps la rue Saint-François.

Le supérieur du monastère portait, comme partout dans l'ordre de St-François, le titre de Gardien, et il relevait du provincial de Touraine, qui avait droit de visite et de correction.

Le jardin des religieux était situé entre leur maison et le mur de la ville. Il était partagé en deux parties : la première, voisine du couvent et au niveau du sol, appartenait aux frères ; la seconde, voisine des murs et la plus considérable, formant la douve de la ville, appartenait au duc, et n'était utilisée par les religieux qu'à titre précaire et révocable.

Or en 1342, pendant la guerre de succession, la ville de Vannes fut prise et reprise tour à tour par les partisans de Blois et ceux de Montfort. Pendant ce temps, il avait fallu réparer les murs de la ville, curer les douves, et rejeter les déblais sur le terrain voisin. Cette opération avait été pour les Frères Mineurs la ruine complète de leur double jardin, et cet état se maintint pendant le reste de la guerre.

Jean IV, pour prévenir le retour de pareils désagréments, résolut d'enclore le couvent dans la nouvelle enceinte de la ville : travail immense, qu'il termina vers 1385 ; il fit creuser des douves le long des murs neufs, et il céda aux religieux en toute propriété les vieilles douves, le long des murs sarrasins, leur permettant de les combler pour agrandir leur jardin.

En 1414, le duc Jean V compléta les libéralités de ses prédécesseurs, en donnant aux religieux une parcelle de terrain, de forme triangulaire, située près la porte St-Salomon, entre le vieux mur et le mur neuf de la ville.

Au midi de la rue actuelle de Léhellec, il y avait alors un terrain vague (Francheville), limité à l'ouest par le mur de la ville, au sud par les dépendances de Kaer et à l'est par le jardin et la maison d'Amador Le Guédois. C'était un lieu de passage pour se rendre du couvent au port et réciproquement ; les enfants du quartier y prenaient habituellement leurs ébats ; il avait une contenance de 19 cordes seulement.

Les religieux le considéraient comme la continuation de leur cour et une dépendance de leur monastère ; ils y avaient même enterré des morts, le long du mur de la ville, en temps d'épidémie. Dès 1559, ils manifestèrent l'intention de l'enclore ; ils y revinrent en 1608, mais les héritiers Guédois s'y opposèrent énergiquement. Après de longues procédures, on transigea en 1613 : les religieux eurent la liberté de faire leurs murs de clôture au midi et au nord ; en retour ils reconnurent à leurs adversaires le droit de vue et de passage sur le terrain contesté.

Tout auprès, se trouvait le bastion de Kaer, dit aussi éperon de Brozillay ; ils en obtinrent, non la propriété, mais la jouissance, du gouverneur de Vannes, pour permettre à leurs malades de changer d'air.

Enfin, les douves qui s'étendent depuis ce bastion jusqu'à la tour de St-François, leur furent afféagées en 1697, moyennant une légère redevance au roi.

Le domaine des Cordeliers était à peine complété, quand sa dislocation commença. Le vieux couvent, menaçant ruine, avait été réparé en 1637. Un pavillon avait été commencé vers le nord et il dut être refait en 1734. D'un autre côté, en 1776, les religieux cédèrent à M. de Bavalan, propriétaire de l'hôtel de Kaer, leur droit de jouissance du bastion, et vendirent à M. du Nédo leur jardin du midi pour 2,000 francs. En 1783, ils cédèrent à M. de Montigny un petit terrain carré (n° 7), pour y construire une remise. En 1791, les douves furent vendues par *la nation* au sieur Granger pour 600 livres. En 1793, l'église, le couvent et le jardin furent adjugés au sieur Danet pour 13,000 livres.

L'église, qui n'a été démolie qu'en 1808, renfermait de nombreuses sépultures. On y remarquait notamment : 1° le tombeau du duc Arthur II, mort le 27 août 1312, au château de l'Ile, près la Roche-Bernard, et inhumé au milieu du chœur ; son sarcophage sculpté portait la statue couchée du duc en marbre blanc ; à la Révolution le tombeau a été détruit et la statue brisée : il n'en reste qu'un fragment, conservé au Musée archéologique.

2° Le tombeau d'Yolande d'Anjou, femme de François, comte de Montfort, morte au manoir de Plaisance le 16 juillet 1440, et inhumée dans le chœur ; sa statue en marbre blanc a été brisée à la Révolution : le tronc existe encore au Musée archéologique.

3° Le tombeau de Jean II de Malestroit, seigneur de Kaer et du Plessis, mort vers 1416 et enterré dans la chapelle de St-Jean, bâtie par lui au midi du chœur ; son sarcophage, de trois pieds de hauteur, portait sa statue en marbre blanc et celle de sa femme, Jeanne de la Feuillée ; ces images ont subi le sort commun et le Musée archéologique a recueilli leurs débris incomplets.

X. Rues de la ville close.

Pour plus de clarté, on peut suivre les numéros du plan.

1º Rue de l'*Hôtel-de-Ville* depuis 1890, et auparavant rue de la *Préfecture*; avant la Révolution c'était la rue *Notre-Dame*, et antérieurement rue du *Baly* ou du *Ballay*, dite aussi rue de la *Porte-Neuve*, et rue de la *Juiverie*.

La première impasse de cette rue conduisait à la tour Bertranne et aux remparts; la seconde, dite rue de la *Vieille-Psallette*, renfermait en 1683 l'hôtel du comte de Lannion, gouverneur de Vannes, et plusieurs maisons prébendales.

2º Rue *aux Anes*, parallèle aux impasses susdites, faisant la séparation du fief de l'évêque de celui du roi; usurpée graduellement par les riverains, elle est supprimée depuis longtemps.

3º Rue *St-Salomon*, ainsi nommée parce qu'elle conduisait à la porte et à l'église de ce saint; appelée rue de l'*Ouest* à la Révolution, elle a repris depuis son vieux nom.

4º Rue *des Halles*, desservant l'établissement de ce nom, et bordée de vieilles maisons; appelée parfois rue *Latine*, à cause des étudiants, et rue de la *Comédie*, à cause du théâtre.

5º Rue *St-François*, conduisant au couvent des Cordeliers, dite aussi rue de la *Porte-Mariolle*, et aujourd'hui rue *Noé*, à cause d'une ancienne maison appelée l'*Arche de Noé*, dont l'entrée existe encore au numéro 7 de cette rue.

6º Rue *St-Jacques*, débouchant sur la place des Lices, et nommée aujourd'hui rue des *Halles*, parce qu'elle en est la continuation; on y voit la maison de *Vannes et sa femme*.

7º Rue *des Orfèvres*, souvenir d'une industrie jadis florissante; voir au numéro 17 la cellule habitée pendant 24 jours par saint Vincent Ferrier en 1418.

8º Place *St-Pierre*, touchant à l'église cathédrale et lui empruntant son nom; envahie pendant longtemps par des maisons particulières, elle n'est pas encore complètement débarrassée.

8° Place *Henri IV*, dite place de la *Liberté* pendant la Révolution ; s'appelait en 1371 *Mein-Guêvr* (Pierre-aux-chèvres), dont on a fait par corruption *Main-Lièvre*.

10° Rue de *St-Jean*, ainsi appelée en 1358, parce qu'elle longeait la vieille chapelle de ce nom, dite ensuite des *Prêtres* ou des *Chanoines*, à cause des maisons prébendales et du cloître qui la bordent.

11° Rue du *Nord*, dite en 1358 rue de l'*Ane*, puis par extension rue *St-Jean*, pendant qu'elle était simple impasse, et ensuite rue de la *Porte-Bourreau*.

12° Rue de la *Porte St-Patern*, puis de la *Porte-Prison*, ainsi nommée à cause de la porte qui la coupe en deux, et qui conduit au quartier de St-Patern.

13° Rue *St-Guénael*, longeant la cathédrale au sud, et touchant à la chapelle du saint située dans le transept méridional ; en l'an X c'était la rue de la *Paix*.

14° Rue des *Vierges*, par allusion aux filles ou vierges folles, détenues prisonnières dans la tour Poudrière.

15° Rue des *Trois Duchesses*, Isabeau d'Ecosse, Françoise d'Amboise, et Catherine de Luxembourg, qui y ont passé ; c'est aujourd'hui la rue de la *Bienfaisance*.

16° Rue de la *Monnaie*, où furent frappées de 1237 à 1488 les monnaies ducales portant la lettre V, signe monétaire de Vannes ; vieilles maisons surplombantes.

17° Place de la *Mairie*, dégagée de diverses maisons à partir de 1838 ; une ruelle voisine, dite de la *Rose*, conduisait de la rue des Vierges à celle de la Basse-Cour.

18° Rue de la *Basse-Cour*, longeant le mur de la ville, depuis la tour du Connétable jusqu'à la porte Poterne, et indiquant l'annexe du château de l'Hermine, dite aussi rue du *Rempart*.

19° Rue de la *Porte-Poterne*, ouverte en 1678, à travers les dépendances du château, pour aller vers la Garenne ; dite aussi rue de l'*Est* après la Révolution.

20° Place des *Lices*, illustrée en 1381 par le combat glorieux de cinq chevaliers français contre cinq anglais, sous les yeux du duc

Jean IV et du comte de Buckingham ; sanctifiée en 1418 et 1419 par les prédications de saint Vincent Ferrier ; et consacrée à la sainte Vierge par le duc Jean V, qui voulut y fonder en 1428 une chapelle et une chapellenie en l'honneur de Notre-Dame de Chartres, fondation qui a duré jusqu'à la Révolution.

21° Place du *Poids Public*, appelée précédemment place du *Poids du Roi*, ce qui indique suffisamment son origine : c'est aujourd'hui un marché aux légumes.

22° Rue de *St-Vincent*, conduisant des Lices à la porte de son nom ; cet emplacement, exhaussé au moyen de déblais, fut cédé par Henri IV en 1609 à César de Vendôme, son fils, puis donné par celui-ci en 1610 aux habitants de Vannes, pour y construire des maisons ; c'est à partir de 1675 qu'on a bâti les plus belles maisons de cette rue, pour y loger les conseillers au parlement.

23° Place de la *Poissonnerie*, gagnée sur la mer, et touchant au ruisseau de l'ancien moulin des Lices ; la halle aux poissons, construite en 1882, occupe presque toute l'ancienne place, qui était plantée d'arbres.

24° Rue de la *Poissonnerie*, partant de l'angle de cette place et passant devant l'ancien manoir de Kaer ou l'hôtel Bavalan, pour remonter vers la rue Noé.

25° Rue de *Léhellec*, ouverte en 1826 par le maire de ce nom, pour faire suite à l'ancienne impasse des Cordeliers et procurer une sortie vers l'ouest.

26° Suite de la rue, dite jadis de St-François et aujourd'hui Noé, conduisant jusqu'à la place du Poids-Public, et située en dehors de la première enceinte.

Il est bon de noter, en finissant, que toute la ville close, sauf l'évêché et la rue Notre-Dame, formait, avant la Révolution, la paroisse de St-Pierre ou de Ste-Croix.

XI. ÉGLISE DE SAINT-PATERN.

En sortant de la ville close, du côté de l'est, on trouve le quartier de Saint-Patern. Il y avait là, dès l'époque gallo-romaine, un centre

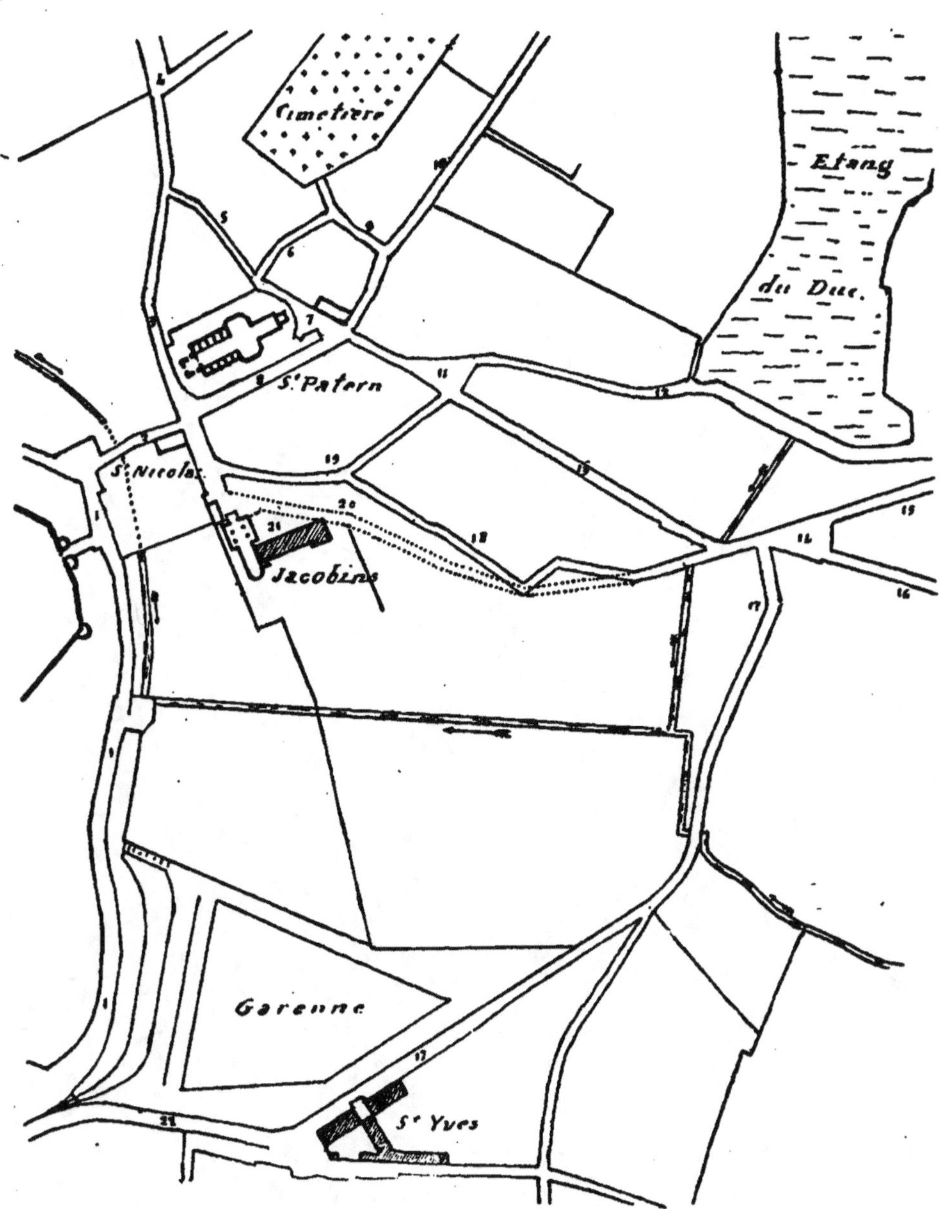

VANNES. — SAINT-PATERN.

de population plus ou moins important, comme l'ont prouvé les briques et autres débris romains, trouvés dans diverses rues et dans les prairies situées entre l'étang du Duc et le village de Saint-Guen.

C'est probablement pour favoriser ce quartier, que saint Patern, premier évêque de Vannes, demanda, vers 480, à un riche propriétaire de l'endroit le terrain nécessaire pour y bâtir une église ; mais il ne put l'obtenir. Plus tard, vers 500, quand il fut question de ramener à Vannes le corps du saint évêque, mort en exil, le propriétaire jadis récalcitrant offrit de lui-même le terrain demandé pour une église, et promit de payer les frais de construction. Cet édifice, élevé sur l'emplacement de l'église actuelle, reçut le corps de saint Patern, et en prit le nom ; les reliques du saint y restèrent pendant quatre siècles.

Vers 919, en présence des épouvantables ravages des Normands, qui mettaient tout à feu et à sang, le corps de saint Patern fut confié à Daoc, abbé de Rhuys, et emporté dans le Berry. Son église fut brûlée et resta longtemps un monceau de ruines.

Après l'expulsion des pirates en 937, ou plutôt après les terreurs de l'an 1000, elle fut relevée dans le style roman de l'époque, et vers le même temps érigée en église paroissiale : on sait que, dans les cités épiscopales, il n'y eut point de paroisses distinctes de la cathédrale avant le XIe siècle. Cette paroisse comprit tout le faubourg de Saint-Patern et toute la campagne autour de la ville.

Elle était encore d'érection récente, quand, vers 1081, Maengui, évêque de Vannes, donna à son chapitre la moitié de cette paroisse, avec la faculté d'y nommer un vicaire pour cette portion. Un siècle après, en 1177, l'évêque Rotald ou Rouaud donna l'autre moitié dans les mêmes conditions. Cette situation bizarre d'une paroisse, gouvernée par deux chefs égaux, se prolongea jusque vers 1430, où l'unité fut rétablie, au profit d'un recteur.

Durant le XIIIe et le XIVe siècles, l'église de Saint-Patern était l'une des stations du grand pèlerinage des *Sept Saints,* qui consistait à faire le tour de la Bretagne, et le chapitre y faisait exposer une partie des reliques du patron, qui lui avaient été rapportées d'Issoudun. La guerre de succession n'arrêta pas le concours des fidèles, bien que l'anglais Saint-Alban et le breton Pierre de Kaër eussent transformé momentanément l'église en forteresse. A côté de l'église se trouvait alors le cloître, qui ne s'écroula qu'aux dernières années du XIVe siècle.

L'église romane, dont la dédicace se célébrait le 21 mai, au jour de la translation des reliques de saint Patern, était un édifice en forme de croix latine. Le chœur, accosté d'une sacristie au nord, avait son autel majeur au fond, et de chaque côté deux petits autels, dédiés l'un à saint Thomas, l'autre à sainte Madeleine. La maîtresse vitre devait avoir à l'origine l'écusson de Bretagne, parce que le duc, et plus tard le roi, était regardé comme le fondateur de l'église, mais en 1727 il n'y avait plus que les armes de Rosmadec, soit simples, soit en alliances.

En dehors du sanctuaire, à deux pas de la table de communion, et au milieu, se trouvait un tombeau, élevé de deux pieds, orné des écussons de Rosmadec, de Molac, de la Chapelle, de Pontcroix, de Kerhoent, etc., pour lequel le seigneur de Carcado-Molac payait à la fabrique une rente de 40 sols par an. Entre ce tombeau et la longère du nord, se voyait la tombe prohibitive de la famille Sesbouez ; beaucoup d'autres tombes formaient le pavé de l'église, mais leur description ne nous est point parvenue.

A l'inter-transept, quatre gros piliers, dont l'un renfermait un escalier, étaient réunis par des arcades romanes, et supportaient une tour carrée, surmontée d'une flèche en pierres. Le transept nord était dédié à la sainte Vierge, sous le titre de la Chandeleur ; et les chapelles de ce côté, en allant vers le bas de la nef, étaient sous les vocables de Saint-Julien, de Saint-Cado, de Saint-Honoré, etc... Le transept sud était dédié à saint Sébastien et à saint Isidore ; les chapelles du bas côté portaient les noms de Saint-Jean devant la porte Latine, de Sainte-Barbe et Saint-Fiacre, de Saint-Roch et de Sainte-Marguerite.

Cette église, au bout de sept siècles, menaçait ruine. En 1721,

une furieuse tempête abattit quinze pieds de la tour ; le 9 mai
1726, le reste tomba, en écrasant la moitié de la nef et en lézardant
le chœur.

Il fallut se résigner à tout reconstruire. L'architecte Delourme
dressa le plan de la nouvelle église, qui devait avoir le même
emplacement et les mêmes dimensions que l'ancienne, et être
reconstruite par parties et successivement, à commencer par le
chœur et continuer par les transepts. La première pierre fut posée
le 18 septembre 1727, et dix ans après on put inaugurer la majeure
partie de l'édifice. Restaient le bas de la nef, qui fut bâti en 1769,
et la tour, qui suivit de près, mais qui ne fut terminée qu'en 1826.

Cette église, commode pour le culte, est sans caractère architec-
tural : ses murs sont en moellons, et ses fenêtres sans style. Les
chapelles latérales ont conservé une partie des anciens vocables, et
les transepts deux retables de la renaissance. L'autel majeur est en
marbre blanc, et les fenêtres ont été récemment garnies de vitraux
peints. La tour placée au bas de l'église, et précédée d'un escalier
monumental, est toute en pierres de taille, et offre un coup d'œil
imposant.

Le cimetière, qui entoure l'église, fut fermé en 1792, et remplacé
par le cimetière de Boismoreau, qui sert à toute la ville. On voit,
parmi les nombreuses tombes qui remplissent ce nouveau champ
funèbre, la croix de M. Pierre Rogue, lazariste, guillotiné le
4 mars 1796 ; le tombeau du P. Louis Leleu, jésuite, mort en odeur
de sainteté le 1er août 1849, et le monument de Mgr Charles-Jean
de la Motte, évêque de Vannes, mort le 5 mai 1860.

Tout près de l'église de Saint-Patern, vers l'est, était la chapelle
de *Sainte-Catherine*, dont il reste un pan de mur, en belles pierres
de taille, enchâssé dans le mur de la maison qui fait le coin de la
place. C'est jusqu'à cette chapelle que s'avança la procession de la
cathédrale, pour recevoir saint Vincent Ferrier en 1419. C'est dans
cette chapelle que se fit le service paroissial, pendant la reconstruction de l'église en 1727 et années suivantes.

XII. Hôpital de Saint-Nicolas.

On ignore la date précise de la fondation de cet établissement, qui fut mis sous la protection de saint Nicolas, évêque de Myre en Lycie, mort vers 324. On sait seulement que l'Église, dès son origine, s'est toujours préoccupée de venir en aide aux voyageurs et aux malades pauvres. Saint Patern, en montant sur le siège de Vannes en 465, ne manqua point à ce devoir : « Il montra, disent les leçons de son office, une charité inépuisable pour nourrir les pauvres et recevoir les étrangers. » — Mais son hospice était-il ici ou ailleurs ? — On l'ignore.

Plus tard, en 816, le concile d'Aix-la-Chapelle rappela l'obligation pour tous les évêques d'avoir un hospice dans leur ville, et d'en confier la direction spirituelle et temporelle à un chanoine qui leur en rendrait compte tous les ans.

En 1312, le pape Clément V accepta le concours des laïcs pour l'administration des hôpitaux, mais il maintint l'obligation de rendre les comptes tous les ans à l'évêque ou aux propriétaires de ces établissements.

C'est alors que commencent les renseignements positifs sur l'hôpital de Saint-Nicolas, dit aussi hôtel-Dieu de Vannes. Il était situé sur le côté sud de la rue Saint-Nicolas, entre la rue actuelle du Roulage et le ruisseau du moulin de l'évêque. La chapelle, régulièrement orientée, était à l'angle des deux rues ; les salles des pauvres et des malades lui faisaient suite vers le couchant, et pouvaient recevoir de 20 à 30 lits ; au midi s'étendait un jardin, dont la contenance a varié suivant les époques.

Conformément au décret de 816, c'était toujours un chanoine de la cathédrale qui en avait l'administration, et qui portait pour ce motif le titre de *prieur*, comme chef d'une petite communauté. Les archives nous ont conservé les noms de Geoffroy du Pont en 1329, de Prigent Le Chevalier en 1393, de Jean Hervé en 1405, de Geoffroy Beign en 1426, d'Yves de Plumaugat en 1477, tous chanoines de

Saint-Pierre et prieurs de Saint-Nicolas. On rencontre ensuite une série de simples prêtres, portant le titre de prieur ou d'aumônier, et gouvernant la maison, comme le faisaient précédemment les chanoines.

Cependant la communauté de la ville de Vannes, à l'exemple de plusieurs autres cités, désirait se substituer à l'évêque commendataire, pour l'administration temporelle de l'hôpital, et elle fut assez heureuse pour obtenir du parlement de Bretagne, le 5 octobre 1549, le droit de commettre deux administrateurs laïcs, tous les deux ans, pour gérer les biens de la maison, en ne laissant à l'aumônier que l'administration des sacrements, et à un gardien le service des malades.

Les administrateurs laïcs, trouvant les dépendances trop restreintes, demandèrent, en 1567, au roi Charles IX la cession des terres situées au midi et arrosées par les ruisseaux venant de l'étang du Duc et de l'étang de l'Évêque. Le roi les accorda par lettres du 12 septembre 1569. Ces terrains marécageux, exhaussés au moyen de déblais, furent convertis en jardin ; et une vingtaine d'années plus tard le duc de Mercœur y ajouta une bande de terrain sur la pente de la Garenne.

En 1634, il fut question au conseil de la ville de confier le soin des malades à des religieuses. Le plus grand nombre des conseillers s'y opposa ; mais les plus considérés, et notamment les magistrats, se prononcèrent en faveur des religieuses et prièrent Mgr de Rosmadec de faire venir des Hospitalières Augustines de Dieppe. Celles-ci arrivèrent à Vannes et furent conduites à l'hôtel-Dieu le 25 juillet 1635 ; mais cinq jours après, elles furent expulsées par les opposants, et elles durent se réfugier chez les Carmélites ; enfin le 4 août elles furent acceptées par l'opposition, mais à des conditions assez dures.

Oubliant cet accueil pénible, et rendant le bien pour le mal, les religieuses construisirent, *à leurs frais*, en 1640, une salle pour recevoir les hommes, au midi de la chapelle ; et à la suite une grande maison pour leur communauté ; à l'ouest de la chapelle, le logement fut amélioré et réservé aux femmes seules. Plus tard, en 1667, elles achetèrent les immeubles situés entre le ruisseau du moulin de l'Évêque et la rue de la Garenne ; en 1670 elles achevèrent de bâtir l'édifice, placé au midi de la cour et du côté du jardin. L'hôtel-Dieu était ainsi complet, et formait un carré de constructions autour de la cour.

Le nombre des religieuses variait entre 20 et 30, et c'est grâce à leurs dots, qu'elles pouvaient s'entretenir, construire des bâtiments et améliorer le service : leur présence était une bénédiction pour l'hôpital.

Néanmoins la tempête approchait. Le 18 novembre 1790, les 24 religieuses de la maison, interrogées séparément, répondirent qu'elles voulaient persévérer dans leur état. Deux ans après, le 19 décembre 1792, elles furent brutalement mises à la porte, et remplacées par cinq *citoyennes*. L'année suivante, la maison de la communauté fut convertie en prison, pour y renfermer une centaine de religieuses, de divers ordres, qui ne recouvrèrent la liberté qu'au commencement de 1795.

Au mois de janvier de cette année, les malades de l'hôpital de Saint-Nicolas furent transférés au Petit-Couvent, dont la position était plus avantageuse au point de vue hygiénique. L'hôtel-Dieu, ainsi délaissé, sans réparation, souffrit considérablement des injures du temps. Le 16 juillet 1802, on fut obligé de démolir la chapelle, qui tombait en ruines. Enfin, une loi, votée le 29 janvier 1805, autorisa l'administration des hospices civils de Vannes à céder au sieur Burgault, maire de Muzillac, les bâtiments de l'hôpital de Saint-Nicolas, avec les jardins et les dépendances, et à recevoir en retour les métairies du Pourpris et de la Porte-de-Bavalan, en la commune d'Ambon.

Depuis ce temps, le quartier de Saint-Nicolas a pris, par des constructions successives, l'aspect qu'il présente aujourd'hui. Une rue nouvelle a été ouverte au sud des bâtiments, et le jardin est entré en 1861 dans l'enclos de la préfecture.

XIII. Couvent des Dominicains.

Tout près de l'hôtel-Dieu était le couvent des Dominicains ou des Jacobins. Les premiers religieux de cet ordre arrivèrent à Vannes, le 29 mai 1633, après avoir obtenu de l'évêque, de la ville et du roi, les autorisations nécessaires pour s'y établir. Ils jetèrent les yeux sur une prairie, appartenant à l'hôpital de Saint-Nicolas, et située à l'endroit où s'élève aujourd'hui l'hôtel de la Préfecture; ce terrain n'avait qu'un journal et sept cordes environ de superficie, mais il était susceptible d'agrandissement au sud, à l'est et au nord. Ils en obtinrent l'afféagement des représentants de la ville et de l'hospice, le 23 novembre 1633, moyennant une rente perpétuelle de 15 livres par an.

Pour aller de l'église de Saint-Patern à ce terrain, qui était alors enclavé de tous les côtés, les religieux achetèrent trois immeubles qui leur barraient le passage au bas de la rue du Four.

C'est à ce moment qu'intervinrent, à titre de *fondateurs*, Messire Sébastien de Rosmadec, seigneur du Plessis, de l'Espinay, de Kernicol, de Lesnevé et autres lieux, et dame Julienne Bonnier, sa compagne, demeurant au manoir du Plessis, en la paroisse de Theix. Ils donnèrent une somme de 11,000 livres tournois, pour payer les immeubles achetés, et pour construire l'église et la maison conventuelle. En retour ils demandèrent deux services solennels par an, une messe basse tous les lundis, et 56 *Libera* dans le cours de l'année. Comme fondateurs, ils eurent le droit de mettre leurs armes dans les vitres de l'église et ailleurs, d'avoir un caveau funéraire dans le chœur, et de placer deux bancs prohibitifs du côté de l'évangile, l'un dans le chœur pour les hommes et l'autre dans la nef pour les femmes de leur maison.

On commença, dès 1634, la construction du couvent. Le corps de logis, au sud du cloître projeté, et en face du jardin, fut seul bâti vers cette époque; les bâtiments, qui devaient longer deux autres côtés du cloître futur, furent remis à plus tard, et finalement ne furent jamais édifiés.

Quant à l'église, on la plaça sur le côté occidental du cloître, de manière à avoir le chœur tourné vers la Garenne, et l'entrée de la nef vers Saint-Patern. La première pierre de cet édifice fut solennellement bénite, le samedi 28 octobre 1634, par Mgr Sébastien de Rosmadec, oncle des fondateurs, en présence du clergé, de la noblesse et du peuple de Vannes, et placée par le seigneur du Plessis sous le premier pilier du côté de l'épitre; elle portait une plaque d'argent avec une inscription rappelant la cérémonie.

Le chœur de cette église était très allongé et se terminait en hémicycle; les religieux chantaient ou récitaient leur office au fond, le maître-autel occupait le milieu, et la table de communion était en avant. La nef avait la même largeur que le sanctuaire, et elle avait trois chapelles de chaque côté.

En 1638, Messire Pierre de Larlan, seigneur de Lanitré et conseiller au parlement de Bretagne, se chargea de la construction de la chapelle la plus rapprochée du chœur, du côté de l'épitre, en s'y réservant les droits ordinaires d'armoiries, d'enfeu et de banc prohibitif, et en y faisant une fondation de services pour une rente annuelle de cent livres tournois.

En 1641, M. Jacques Sorel, seigneur du Bois-de-la-Salle et de Salarun, entreprit d'achever à ses frais la chapelle la plus haute, du côté de l'évangile, dédiée au Rosaire, à condition d'y avoir également tous les droits honorifiques, et y ajouta une fondation de services, moyennant une semblable rente de cent livres.

Cependant les Dominicains n'avaient pas encore d'enclos. Ils demandèrent, dès 1634, au roi, comme héritier des ducs, la cession d'un terrain marécageux, situé entre leur couvent et la colline de la Garenne, d'une contenance de cinq journaux, et de plus la cession d'un autre terrain, dit la Petite-Garenne, situé entre le couvent et la Tannerie, contenant deux journaux. — Louis XIII, informé que ces terres étaient incultes, et voulant participer à une bonne œuvre, en fit l'abandon aux religieux, par lettres patentes du 6 février 1635, à condition d'avoir à perpétuité deux messes chantées par an. Le gouverneur de Vannes, Pierre de Lannion, qui avait la jouissance de ces terrains, abandonna son droit, moyennant deux autres services par an. Les formalités remplies, les religieux cédèrent à l'hôtel-Dieu une portion de ces mêmes terrains, suivant un arrangement préparé entre eux.

D'un autre côté, les Dominicains, dans le but de compléter les édifices de leur couvent, continuaient à acquérir les jardins et les maisons de la rue du Four, du côté du midi, sur une longueur de 354 pieds.

En attendant l'exécution de ces grands travaux, ils se contentèrent, en 1669, de construire un pavillon au bout de leur maison du côté de l'est. La communauté comptait alors 27 religieux et le bâtiment primitif était d'une insuffisance manifeste.

Bientôt il fallut renoncer à tout projet d'agrandissement : les vocations religieuses devinrent moins nombreuses, et l'opinion publique se laissa prévenir contre les moines.

En 1758, pour faciliter l'entrée et la sortie de la ville de Vannes, on ne se gêna point pour tracer à travers l'enclos des Frères Prêcheurs une voie nouvelle, appelée aujourd'hui la rue du Roulage, et marquée sur le plan par deux lignes pointillées. En 1785, les travaux atteignaient les abords du couvent, et en 1786 on construisit près du perron de l'église une maison qui existe encore et qui porte le N° 10.

Au mois de novembre 1790, il n'y avait plus que sept religieux; deux déclarèrent vouloir sortir; les autres furent expulsés le 1er avril 1791.

Les maisons de la rue du Four et les autres immeubles furent vendus en détail. L'enclos et le jardin furent adjugés au sieur Pavec pour 20,400 livres; la chapelle fut vendue au sieur Houdiart, et servit plus tard aux voitures du roulage; la maison conventuelle fut affectée au logement de la gendarmerie, et elle a gardé cette destination jusqu'en 1860.

C'est alors que le département voulut y transférer l'hôtel de la Préfecture : il racheta successivement le jardin, l'enclos, la chapelle des religieux et le jardin de l'hôpital. Le 4 octobre 1862 eut lieu l'adjudication des travaux de la préfecture au sieur Normand, pour la somme de 552,580 francs : chiffre qui a été dépassé, à cause des modifications apportées au devis primitif. La chapelle et l'ancien couvent ont été démolis, pour faire place aux nouvelles constructions. — Inutile de donner ici la description de la préfecture : chacun peut l'examiner et l'apprécier à son point de vue particulier.

XIV. La Garenne.

La Garenne est l'extrémité d'un plateau, qui s'abaisse doucement vers l'est et le nord, et brusquement vers l'ouest.

Si l'on tient compte de son nom, il faut admettre qu'il y avait là jadis des landes et des bruyères, au milieu desquelles les lapins avaient creusé leurs tanières.

Au xie siècle, et au plus tard au xiie, tout ce terrain, depuis le moulin des Lices jusqu'au ruisseau de Lanoë, et depuis la ruelle du Jointo jusqu'au ruisseau qui descend de l'étang du Duc, probablement même jusqu'à la rue de la Petite-Garenne, fut donné à l'abbaye de Saint-Gildas de Rhuys, et servit ensuite à la dotation partielle du prieuré de *Saint-Guen.*

Ce lambeau de territoire se trouvant entre le fief de l'évêque et celui du duc, on se demande naturellement de quel domaine il a été détaché dans l'origine. Si l'on considère que les prieurs de Saint-Guen ont eu constamment juridiction féodale sur leurs terres et leurs hommes, et qu'ils ont toujours reconnu les ducs comme leurs fondateurs, on est porté à croire que la Garenne appartenait primitivement au fief du duc.

Vers 1380, Jean IV, faisant construire le château de l'Hermine, voulut prendre environ la moitié de ce terrain, du côté du nord, pour en faire un parc. La ligne de démarcation suivait la rampe de la Garenne et puis le chemin qui conduit à la Tannerie. L'estimation du revenu ayant été faite, le duc, par acte du 11 janvier 1387 (N. S. 1388), assigna au prieur une indemnité annuelle de dix livres, six sols et un denier sur sa recette de Vannes.

Les ducs jouirent de ce parc pendant un siècle. Il passa ensuite aux rois de France, qui en abandonnèrent la jouissance aux gouverneurs ou capitaines de Vannes. En 1569, une portion en fut détachée au profit de l'hôpital de Saint-Nicolas. Le surplus était loué à des particuliers ; ainsi le 2 janvier 1602, « la Garaine estant *derrière* le chasteau de cette ville de Vennes, » était affermée à Pierre Moisson, au nom du gouverneur René d'Aradon, pour 25 écus par an, « à la charge de ne rien démolir, ni laisser démolir, ni bescher en aucune façon. »

On a vu ci-dessus comment les Dominicains obtinrent de Louis XIII, en 1635, la Petite-Garenne, le marécage intermédiaire et le bas de la Grande-Garenne. Il ne restait plus au roi que le haut de la Garenne et la pente du côté de la ville.

En 1678, la communauté de ville proposa d'y établir une promenade publique. Le duc de Chaulnes, gouverneur de Bretagne, approuva le projet, mais dès l'année suivante il en suspendit l'exécution, et la colline redevint la pâture des moutons du quartier. En 1698, M. le comte Pierre de Lannion demanda l'afféagement de la Garenne, pour reprendre sa conversion en promenade, et pour laisser au public un témoignage de sa libéralité. Le terrain sollicité avait cinq journaux et 67 cordes.

L'affaire réussit. On commença par niveler le sommet de la colline et par y planter des arbres. Dès 1715 on trouve la mention d'allées d'ormeaux. En 1726, le syndic, M. Le Vaillant, représenta à la communauté de ville qu'il serait avantageux aux habitants d'avoir des foires de bestiaux sur la Garenne, tous les mercredis, depuis Pâques jusqu'à Noël.

En 1752, en présence d'une disette, où il fallait fournir aux pauvres du travail et du pain, l'évêque et la ville réunirent leurs efforts, pour conjurer le mal. On accueillit tous les hommes qui se présentèrent, même les femmes, et on les appliqua à tailler en étages la butte de la Garenne du côté de l'ouest, et à y planter des allées d'arbres. Les terres qui en furent tirées servirent à combler la douve en face, et à former le jardin qui court le long des murs de la ville, et qui n'était avant cette époque qu'un marais inondé par l'eau du ruisseau et par celle de la mer.

La promenade de la Garenne a été témoin d'un drame sanglant en 1795. C'est là, le long du mur qui borde l'ancien enclos de l'hôpital, que furent conduits, le 30 juillet à sept heures du matin, M⁰ˢʳ de Hercé, évêque de Dol, M. de Sombreuil, quelques royalistes, et quatorze prêtres de divers diocèses, tous condamnés à mort, à la suite du désastre de Quiberon. Ils avaient tous les mains liées derrière le dos. Mˢʳ de Hercé demanda qu'on lui ôtât son chapeau, afin de faire plus respectueusement sa dernière prière. Un grenadier se disposant à lui rendre ce service, M. de Sombreuil lui dit : « Laisse, tu n'en es pas digne, » et il enleva le chapeau avec les dents, n'ayant pas les mains libres. Quelques instants après, ils tombaient tous sous les balles des républicains, et leurs corps étaient portés au cimetière de Vannes. Plus tard, en 1814, leurs ossements furent exhumés et déposés, avec ceux des autres victimes de la Révolution, dans la chapelle de Saint-Louis à la cathédrale. La croix pectorale de Mˢʳ de Hercé est conservée à l'évêché de Vannes, et le chapitre possède sa custode pour le viatique et son ampoule pour l'extrême-onction.

C'est également sur la Garenne que fut amené, le 4 janvier 1805, l'intrépide Pierre Guillemot, surnommé le roi de Bignan, l'un des principaux chefs de la Chouannerie. Il avait été condamné, la veille de ce jour, à la peine de mort, par une commission militaire réunie à la mairie. Comme il ne pouvait marcher, à cause de ses blessures, il fut porté au lieu de l'exécution, et il reçut la mort avec le courage d'un soldat et d'un chrétien.

C'est sur la Garenne aussi que furent passés par les armes, le 7 octobre 1807, Édouard de la Haye de Saint-Hilaire et Jean Billy, coupables d'avoir arrêté l'évêque de Vannes sur la route de Monterblanc et de lui avoir extorqué 24,000 francs ; ils avaient été pris les armes à la main, après avoir tué un brigadier de gendarmerie.

XV. HÔPITAL DE SAINT-YVES.

L'hôpital de *Saint-Yves* ou de la *Garenne* n'a été fondé qu'en 1698. Madame Marie de Berrolles, veuve de Jean Hélo de Kerborgne, avocat au parlement, touchée de compassion, en voyant errer dans la ville et mendier de porte en porte, des pauvres atteints de maux *incurables*, et voyant qu'on ne pouvait les recevoir dans aucun hôpital de Vannes, résolut de leur ouvrir un asile sur la Garenne, non loin de sa maison du Verger.

En conséquence elle acheta, dès le 21 février 1698, de M. Vincent Marquet, sieur de Kermarquer, au prix de 1800 livres, les maisons de la Garenne, occupées par Mlle Golvine de la Chaussonnière, avec cour devant, jardin derrière, et pré ou verger à la suite, à la charge de foi et hommage au prieur de Saint-Guen.

Au nord de ces maisons et le long du chemin qui descend vers la Tannerie, il y avait un terrain de 135 pieds de longueur sur 30 pieds de largeur, qui servait parfois de cimetière aux pestiférés. La fondatrice, croyant qu'il appartenait à la ville, le demanda pour l'établissement de ses pauvres incurables, et l'obtint, suivant délibération du 6 juin 1698. Mais ayant su plus tard qu'il appartenait réellement au prieur de Saint-Guen, elle le pria d'en ratifier la concession.

C'est sur ce terrain qu'elle établit les fondements d'une chapelle et d'une première salle pour les incurables. Mme la présidente de Montigny, en 1699, fit bâtir la chapelle, en forme de rectangle, et y mit la statue de *saint Yves,* patron de son fils, et par suite patron de l'établissement.

En 1700, le 20 août, Mme de Berrolles-Hélo obtint du prieur de Saint-Guen, moyennant une rente de 5 sols, l'afféagement « d'un vieux chemin, conduisant du bas de la Garenne à la croix du Jointo, et faisant la séparation de l'enclos des Incurables et de celui du Verger, » et conformément à l'autorisation donnée, elle le boucha et le fit entrer dans le jardin de l'hôpital. Puis, pour une autre rente de 5 sols, elle obtint une augmentation de terrain à la suite du cimetière, de manière à avoir un journal en tout.

L'établissement des Incurables était fondé. Pour le rendre perpétuel, la fondatrice l'offrit en toute propriété à la communauté de ville, qui le refusa à cause des charges. Elle l'offrit, le 10 août 1705, à l'évêque de Vannes, qui l'accepta malgré les charges et en vue du soulagement des pauvres.

Mgr d'Argouges le confia, dès le 12 décembre 1705, aux Filles de la Charité de Saint-Vincent de Paul, établies dans la rue de Poulho, depuis une vingtaine d'années. Voulant ensuite procurer à la maison une existence légale, il obtint de Louis XIV, au mois de décembre 1711, des lettres patentes, confirmant l'hôpital des Incurables, et imposant en retour une messe chantée au jour de Saint-Louis de chaque année. Avant de mourir, en 1716, l'évêque légua 20,000 livres pour l'entretien des pauvres.

Mgr Fagon fit rebâtir en 1735 la salle des hommes, située à l'ouest de la chapelle, et Mgr de Bertin celle des femmes en 1748. L'hôpital renfermait 20 lits pour les hommes et 40 pour les femmes; ils avaient été dotés par divers particuliers, qui, en général, s'étaient réservé, pour eux et leurs héritiers, le droit de présenter les malades.

Les Sœurs également étaient dotées; elles étaient au nombre de huit, dont quatre pour l'hôpital, deux pour des œuvres annexes, et deux pour la visite des pauvres et des malades en ville.

Le 2 juin 1791, elles ne voulurent pas recevoir la visite de l'évêque constitutionnel, et deux jours après, le directoire du département arrêta qu'elles seraient renvoyées le plus tôt possible.

Deux *citoyennes* furent chargées de les remplacer.

Les biens meubles et immeubles furent tous attribués à la Commission des Hospices de Vannes, pour conserver leur destination.

Après la tempête révolutionnaire, l'administration des hospices arrêta, le 7 juillet 1803, que l'établissement de la Garenne serait remis à la disposition et aux soins des Sœurs de la Charité, et que le préfet serait prié d'approuver cette mesure. L'approbation fut donnée le jour même.

Quatre Filles de la Charité vinrent aussitôt reprendre le service des Incurables ; et en 1806 deux autres sœurs leur furent adjointes. Le bureau de bienfaisance ayant été transféré à la Garenne, en 1842, réclama deux nouvelles Filles de la Charité, l'une pour le quartier de Saint-Patern, l'autre pour celui de Saint-Pierre. De cette façon le personnel des Sœurs se trouva reconstitué comme avant la Révolution.

Cependant la Commission des Hospices, en vue de faire des économies, songeait depuis longtemps à supprimer l'hôpital de Saint-Yves. La décision fut prise en 1866 : les Sœurs de Saint-Vincent de Paul furent appelées à l'hôpital du Petit-Couvent, pour remplacer les Augustines ; les malades furent partagés entre le Petit-Couvent et l'Hôpital général, et la maison de la Garenne fut fermée.

Cette maison toutefois reprit bientôt une destination religieuse.

En 1868, elle fut rachetée par la sœur Félicité Le Quette, supérieure générale des Filles de la Charité, et immédiatement l'œuvre de la *Providence* y fut transférée.

Cette œuvre, commencée en 1830 par Mme Bernard, Mlle Maillard et Mlle A. Hervieu, avait pour but de retirer des mains de leurs parents vicieux ou pauvres les jeunes filles, dont la moralité se trouvait compromise. Elle fut installée en 1834 au n° 7 de la rue du Nord, dans une maison acquise par M. Hervieu.

En 1851, Mlle Ambroisine Hervieu, voyant l'œuvre prendre des développements, la confia aux Sœurs de la Charité de Saint-Vincent de Paul. Celles-ci construisirent une chapelle spacieuse, et obtinrent en 1858 la reconnaissance légale de leur maison.

En 1868, elles quittèrent la rue du Nord, pour s'établir à la Garenne, où il y avait plus d'espace et plus d'air. Elles y ont bâti en 1874 une vaste maison, et démoli l'ancienne qui la masquait. A leur œuvre de la Providence elles ont ajouté des écoles libres pour les externes, un ouvroir pour les jeunes filles, et une maison de patronage.

XVI. Frères des Écoles chrétiennes.

En descendant la rampe de la Garenne, on voit à gauche l'établissement des *Frères des Écoles chrétiennes*.

Ces modestes et laborieux instituteurs du peuple ont été fondés par le B. Jean-Baptiste de la Salle, mort à Saint-Yon, près de Rouen, le 7 avril 1719.

Dès 1751, Mᵍʳ de Bertin, évêque de Vannes, voulut procurer à sa ville épiscopale quelques-uns de ces Frères. Dans l'assemblée de la communauté, tenue le 19 avril de cette année, M. Gillot de Kerhardène, avocat, fit la remontrance suivante :

« Mᵍʳ notre évêque, toujours attentif à tout ce qui peut contribuer à faire le bonheur des habitants de Vannes, et pénétré de tous les désordres que cause l'abandon dans lequel ils élèvent leurs enfants, faute d'instruction, a prié M. le Maire de représenter à la communauté qu'il ne lui a pas paru de moyen plus prompt ni plus efficace, pour rémédier à un aussi grave abus, que celui d'une école charitable ; que dans cette vue il a réussi, avec le secours de quelques personnes zélées, à trouver un fonds suffisant pour établir dès à présent trois Frères des Écoles chrétiennes, autrement dits Frères de Saint-Yon ; que son intention est d'établir dans la suite deux autres Frères, pour former deux écoles, l'une dans le quartier Saint-Salomon, et l'autre dans celui de Saint-Patern ; — le prélat ajoute que connaissant par lui-même la modicité des facultés de la communauté, et son impuissance à contribuer à un établissement aussi utile, il ne lui demande qu'un simple acte de reconnaissance du grand bien qui résultera de cette bonne œuvre, et d'y consentir à l'effet d'obtenir les lettres patentes à ce nécessaires... »

Le consentement sollicité fut donné sans peine.

Ce ne fut cependant qu'en 1754 que les Frères arrivèrent à Vannes et furent installés en la rue de Poulho ou Richemont, dans une maison qui porte aujourd'hui le n° 14.

Deux Frères furent chargés de l'école de Poulho, et deux autres de celle de Sainte-Catherine près Saint-Patern, avec mission d'enseigner la lecture, l'écriture, l'orthographe et l'arithmétique. Un cinquième Frère fut chargé d'un cours d'hydrographie et de pilotage, science très appréciée dans une ville maritime. La communauté satisfaite de leur enseignement, leur accorda plusieurs fois des gratifications, et en 1790 elle vota un traitement de 400 francs pour un sixième Frère. L'année suivante, toutes ces classes croulèrent, par suite du serment schismatique demandé aux Frères et noblement refusé par eux.

Ce n'est qu'en 1817 que les Frères revinrent à Vannes. Le conseil municipal leur affecta pour logement leur ancienne maison, et vota un traitement de 600 francs pour chacun des deux Frères. Il appela un 3ᵉ Frère en 1819, un 4ᵉ en 1821 et un 5ᵉ en 1823, toujours au même taux. L'école de Saint-Patern fut rétablie en 1825, et celle de Poulho transférée en 1828 dans la rue de l'Unité, Nᵒˢ 3 et 5.

Cet état de choses se maintint, à la satisfaction générale des familles, pendant un demi-siècle, c'est-à-dire jusqu'aux funestes lois de la laïcisation.

Le 7 juin 1882, l'école des Frères de Saint-Patern fut laïcisée, et le 4 avril de l'année suivante, une école chrétienne libre, destinée à la remplacer, fut ouverte dans les appartements qui forment aujourd'hui la Salle Saint-François, au bas de la Garenne.

Le 29 juillet 1883, les Frères de Saint-Pierre furent à leur tour remplacés par des maîtres laïcs, et grâce aux souscriptions des catholiques, une vaste maison d'école fut construite sur la pente de la Garenne, et inaugurée le 10 janvier 1884.

Le nombre des enfants continuant à augmenter et les maîtres n'ayant pas de logement suffisant, il fallut en 1891 construire une seconde maison, à gauche de l'escalier d'entrée, et même acquérir peu après le terrain sur lequel s'élèvent ces diverses constructions.

Les catholiques ont versé pour cet établissement environ 275,000 fr., et ils sont fiers de garder chez eux, à ce prix, les instituteurs qui jouissent de leur confiance.

XVII. Capucins — Ursulines.

Les Capucins furent appelés à Vannes, en 1614, par M. Laurent Peschart, conseiller au parlement, et par Julienne Phélippot, sa femme, sieur et dame de Limoges, de Lourme, de Coetergarf, etc... Ils reçurent d'eux un coin de leur enclos de Limoges, à l'extrémité de la rue de Calmont-Haut ou de Séné.

Le terrain, c'était beaucoup ; mais il fallait bâtir. Pour diminuer les frais, les Capucins sollicitèrent et obtinrent du roi Louis XIII, au mois d'août 1614, les pierres du château ruiné de Lestrénic, près de Saint-Laurent, en Séné.

Les bâtiments, suivant l'usage, furent disposés autour d'un cloître carré, savoir, au nord l'église, à l'est et au sud les offices et les chambres des religieux. Les travaux n'étaient pas encore complètement terminés, quand les Capucins s'y établirent le 19 avril 1615 : c'est du moins la date fournie par une note d'un ancien registre des Carmélites.

Il paraît que ces constructions hâtives laissaient beaucoup à désirer, car, dès 1630, la communauté de ville « deubment avertie de la ruine de la couverture de l'église des Capucins, et de la ruine de la muraille du chanceau, chargea le procureur syndic de leur donner la somme de mille livres, par les mains de Pierre de Sérent, sieur d'Aguenéac, leur père spirituel, pour aider à la réparation nécessaire, les seigneurs des Comptes suppliés de passer la dite somme en allocation. » — En même temps l'assemblée chargea le syndic de faire faire sept confessionnaux pour les religieux. *(Mairie. Délib.)*

Du reste les Capucins méritaient cette bienveillance par leurs services. Au commencement de 1633, la peste ravageait la ville de Vannes, et des baraques avaient été établies sur la Garenne, pour isoler les malades pauvres. Les Capucins se dévouèrent au salut de ces malheureux ; deux d'entre eux furent atteints de la peste et y succombèrent, savoir, le P. Anaclet de Rennes, mort le 26 février, et le P. Emmanuel de la Chapelle, mort le 28 du même mois. Ils furent inhumés sur la Garenne, dans le cimetière des pestiférés, comme les autres victimes du fléau.

Quatorze ans plus tard, le 10 juin 1647, leurs ossements furent exhumés, puis placés dans une petite châsse en chêne, avec une double inscription sur ardoise, transportés processionnellement à l'église des Capucins, et déposés sous les marches du grand autel, du côté de l'évangile.

C'est dans une chapelle de cette église que les seigneurs de Limoges avaient leur sépulture. Là furent enterrés, en 1679, François de Trévegat, conseiller au parlement ; en 1687, Françoise de Quélen, sa veuve ; en 1711, René de Trévegat, son frère, conseiller au parlement ; Françoise de Francheville, femme de René ; en 1728, Vincent de Trévegat, fils de François ; en 1733, Joseph de Trévegat, fils de René, conseiller au parlement, et Jean-Marie de Trévegat, fils de Joseph.

On y voit encore cette inscription :

« *De toute la famille des Trévegat de Limoges il ne reste que les cendres ; la chapelle de ce monastère, dont ils étaient les fondateurs, les renferme. Dieu a récompensé leurs œuvres. Imitez-les : le Seigneur vous pardonnera. Priez Dieu pour le repos de leurs âmes.*

La communauté de ville, qui avait montré sa bienveillance envers les Capucins en plusieurs occasions, en donna une nouvelle preuve le 10 mai 1713, en acceptant l'invitation du P. Gardien d'assister aux fêtes de saint Félix de Cantalice. « La maison de ville assistera et marchera en corps à la procession générale, pour l'ouverture des indulgences de la canonisation de saint Félix, dimanche prochain ; et comme les RR. PP. Capucins sont hors d'estat de subvenir à la dépense où ils se sont engagés pour cette canonisation, la communauté a arresté que M. de Glavignac, lieutenant de maire, écrira incessamment à Mgr l'Intendant, pour le supplier de permettre à la communauté de disposer de ce qu'il voudra bien régler, tant pour donner aux religieux Capucins, que pour subvenir aux frais d'un feu de joie et décharge d'artillerie, qu'il aura la bonté de permettre ; et a aussy arresté que les milices prendront les armes... »

En 1790, le couvent n'avait plus que quatre religieux, qui tous déclarèrent vouloir continuer la vie commune.

En 1791, plusieurs Capucins étrangers vinrent y chercher un refuge ; mais ils furent tous expulsés le 27 juin et la maison fut fermée. Dès le 30 janvier 1792, l'église, le couvent et l'enclos furent vendus au sieur Danet aîné, pour 11,175 livres.

D'un autre côté, les Ursulines de Muzillac, de la congrégation de Paris, dispersées par la Révolution, s'étaient réunies à Vannes, au nombre de sept, dans une maison dite de la Sentière, sur la Rabine, et dès 1804 elles y avaient ouvert un petit pensionnat. Elles conservaient toujours l'espoir de rentrer dans leur ancien couvent, quand Mgr de Pancemont les engagea à s'établir définitivement à Vannes. Sur son conseil, elles rachetèrent l'ancien établissement des Capucins, et en prirent possession le 1er juillet 1807. Plusieurs sœurs dispersées vinrent les y rejoindre, et au bout de six mois on y comptait vingt religieuses anciennes.

Depuis ce temps la communauté a été toujours en augmentant ; aujourd'hui on y compte 46 religieuses et 2 novices : les pensionnaires sont au nombre de 60, les demi-pensionnaires de 45, et les élèves externes dépassent 300.

Les Ursulines ont conservé l'église des Capucins dans sa simplicité primitive. Ne pouvant plus utiliser pour leur usage le chœur des religieux, situé derrière le maître-autel, elles ont fait construire pour elles un chœur dans l'ancien cloître, et ouvrir une grille du côté de l'épitre, afin de voir le prêtre à l'autel.

Pour répondre au désir des familles et favoriser le développement de leurs œuvres, elles ont construit au midi du couvent une vaste maison pour le pensionnat (1857) Récemment (1878), elles ont bâti au nord de la chapelle deux corps de bâtiments pour les demi-pensionnaires, pour les externes, pour les novices, et pour différents besoins de la communauté.

XVIII. Port de Vannes.

Le port de Vannes, dans l'origine, était simplement le lit commun des ruisseaux de Rohan et de Bilair, ou en d'autres termes, de l'étang de l'Évêque et de l'étang du Duc.

La mer est venue graduellement élargir ce lit, soit en rongeant les terres molles, soit en profitant de l'affaissement du sol. Ce phénomène de la lente immersion de nos côtes, constaté dès la période celtique à l'île d'Er-Lannig, à Locmariaker et ailleurs, s'est continué pendant la période romaine, et semble durer encore. Depuis quelques siècles néanmoins, il est entravé dans le port de Vannes par l'arrivée des égouts et par le dépôt des vases marines.

C'est dans les archives du prieuré de Saint-Martin de Josselin qu'on trouve les premières mentions du port de Vannes au moyen âge. Ainsi, en 1164, on voit Eudon de Porhoet, comte de Bretagne, donner à ce prieuré le tiers des droits perçus sur les vins débarqués à Vannes, et Alain II, vicomte de Rohan, son cousin, donner un autre tiers de ce même droit de vinage ou de bouteillage : ce qui fut confirmé en 1205.

Plus tard, en 1338, on trouve un accord, passé entre le prieur de Saint-Martin et les bourgeois de Vannes, et fixant à cinq deniers le droit à percevoir sur chaque tonneau de vin. — En 1392, les revenus du prieur ayant été saisis, sous prétexte qu'il devait entretenir un gardien du port, et contribuer au *curage* du canal, une enquête prouva que ces charges ne le concernaient aucunement, et le duc Jean IV lui rendit ses droits. — En 1475, on lui chercha une autre querelle à propos du *balisage*, qu'on voulait mettre à sa charge, au moins en partie, et il montra par ses titres que jamais ses prédécesseurs n'y avaient été soumis. Les droits de Saint-Martin passèrent plus tard aux Carmélites de Nazareth.

C'est dans le port de Vannes que saint Vincent Ferrier s'embarqua, une douzaine de jours avant sa mort, pour retourner en Espagne; mais la maladie s'étant aggravée tout d'un coup, il fut obligé de revenir au port, et il fut accueilli au son de toutes les cloches de la ville.

En souvenir de ce retour joyeux, on bâtit plus tard, en face de la porte de Calmont, sur une petite place, une chapelle qui fut appelée le *Féty* ou le *Fétis*, nom dérivé peut-être du latin *Festivus*.

Sur l'autre rive du port, près de l'endroit où se trouve aujourd'hui le kiosque de la musique, on édifia une autre chapelle en l'honneur de *saint Julien* et on y ajouta un cimetière, avec une maison pour un chapelain.

En 1567, le quai, correspondant au commencement de la Rabine actuelle, était un chantier de construction pour les navires; il fut demandé au roi par divers particuliers pour y bâtir des maisons. Cette demande fut renouvelée en 1598 par Julien de Montigny, sieur de la Hautière, et en 1609 par le sieur Hillaire, mais toujours la communauté de ville y mit opposition.

Au delà de ce terrain, en face de la chapelle actuelle de l'évêché, il y avait un ruisseau et un pont et une grande vasière jusqu'à la mer. Plus loin se trouvait la chapelle de Saint-Julien avec ses dépendances. Beaucoup plus loin, était le manoir de la Sentière, au delà duquel le canal du port tournait brusquement vers l'ouest, avant de se diriger vers le sud.

Dès 1680, la communauté de ville, voyant les vases encombrer le port de plus en plus et arrêter la marche des grands navires, demanda l'autorisation de construire une écluse, dont les eaux emporteraient les boues à marée basse. L'autorisation fut accordée, les plans de l'écluse furent dressés, puis... les guerres arrêtèrent tout.

Vers 1718 les habitants de Vannes revinrent à la charge, et demandèrent la permission « de faire curer le canal du port jusqu'au lieu de la Croix rouge, en face du chemin des Capucins, de faire des talus des deux côtés pour arrêter les vases, de continuer les quais jusqu'au lieu de la Sentière, et enfin de faire construire une écluse dans le lieu le plus utile, et d'emprunter une somme de 30,000 livres, pour subvenir aux premières avances. »

C'est alors qu'on transféra le chantier de construction au delà de la croix rouge, et qu'après avoir nivelé son ancien emplacement, on y planta des allées d'arbres, depuis un pâté de maisons isolées jusqu'au lais de mer situé devant les Carmes. Telle est l'origine de la belle promenade de la *Rabine.*

Peu après (1725-1735), on construisit le quai du côté de Calmont-Bas, avec les pierres provenant du vieux château de l'Hermine.

Vers 1760, on voulut couper la butte de Kerino, afin de rectifier le canal et d'éviter le circuit que faisaient les navires vers Trussac en entrant ou en sortant du port. Mais le lieu, paraît-il, avait été mal choisi, et les travaux furent abandonnés en 1761 par ordre du duc d'Aiguillon. Les terres provenant de cette butte servirent à combler les fonds vaseux, voisins de la chapelle de Saint-Julien, et l'on y planta de nouvelles rangées d'arbres, pour prolonger la promenade de la Rabine. Le quai de ce côté fut également prolongé.

En 1824, on reprit le projet du percement de la butte de Kerino, et cette fois l'entreprise fut menée à bonne fin. L'entrée du vieux canal de Trussac fut bouchée, une partie des terrains de la Sentière fut acquise, et la promenade de la Rabine reçut un nouveau prolongement.

Le quai de Calmont-Bas, qui avait déjà reçu quelques arbres, fut régulièrement planté, en 1847, jusqu'au chantier de construction. Ce chantier a été prospère jusqu'à nos jours, grâce au bon marché du bois et à celui de la main d'œuvre. On y a construit des navires d'un assez fort tonnage ; mais aujourd'hui il est à peu près désert.

Le port lui-même, qui recevait jadis de nombreux navires, a vu son commerce diminuer sensiblement par la concurrence victorieuse des chemins de fer. Les navires d'un tonnage moyen peuvent toujours y arriver, en profitant de la marée.

C'est en 1884 qu'on a nivelé la butte de Kerino du côté de Trussac : ce qui a permis de prolonger la Rabine jusqu'au Pont-Vert, et de rectifier la route de Conleau.

XIX. Père-Éternel. — Saint-Louis.

La maison religieuse, dite du *Père-Éternel*, doit son origine à Mlle Jeanne de Quélen de Monteville. Cette noble et pieuse fille, voulant procurer aux femmes un asile, pour y faire des retraites spirituelles, acquit en 1668 et 1669, « une grande maison, située proche la chapelle de Saint-Julien et le couvent des Carmes Déchaussés, sur le port de Vannes, avec une cour et un grand jardin derrière, » pour le prix de 6,200 livres, sans compter les réparations qui montèrent à près de 3,000 livres.

Dès le 30 octobre 1671, par acte notarié, elle donna cette maison « au *Père-Éternel,* pour y recevoir *en retraite* des femmes et des filles, » et la mit à cet effet à la disposition de l'évêque, de l'archidiacre et du recteur de Saint-Patern, et de leurs successeurs.

Bientôt elle renonça aux retraites, pour laisser le champ libre à Mlle de Francheville, qui avait entrepris la même œuvre, et, en 1674, elle ouvrit sa maison, pour y recevoir cinq filles pauvres et nobles, qui voudraient vivre en communauté, sous la règle du Carmel. C'est là qu'elle mourut pieusement, au milieu de ses filles, le 25 mai 1689, à l'âge de 65 ans, laissant comme œuvre principale l'*Adoration* du Saint-Sacrement.

En 1703, ses filles obtinrent du pape et de l'évêque l'érection de leur maison en monastère, la substitution de la règle de Saint-Augustin à celle des tertiaires du Carmel, et le remplacement de leurs vœux simples par des vœux solennels. Puis elles obtinrent du roi Louis XIV l'autorisation de dépasser leur nombre primitif de cinq religieuses de chœur, et de s'adjoindre des sœurs converses et tourières, comme dans les autres communautés.

Tant que la communauté avait été peu nombreuse, l'adoration du Saint-Sacrement avait été forcément diurne et intermittente. Le nombre des sujets ayant, avec le temps, pris une certaine extension, les religieuses demandèrent à l'évêque d'ériger canoniquement l'Adoration *perpétuelle* de jour et de nuit pour leur communauté. Le 30 mars 1761, Mgr de Bertin statua ce qui suit :

« 1° Il y aura toujours et à perpétuité, à chaque heure du jour et de la nuit, une des religieuses devant le Saint-Sacrement...

» 2° Chaque religieuse, en finissant son heure d'adoration, le jour ou la nuit, tintera cinq coups de cloche, afin de prouver qu'on est toujours vigilant à remplir ce saint exercice.

» 3° Chaque fille, qui sera reçue à l'avenir dans cette maison, fera le vœu particulier de se consacrer à l'adoration perpétuelle, lequel sera joint aux autres vœux de l'état religieux... »

Enfin, pour se rendre de plus en plus utiles au public, les religieuses du Père-Éternel consentirent à recevoir des dames pensionnaires, et ce qui est bien plus charitable, de pauvres femmes qui avaient perdu la raison, et qui étaient confiées par leurs familles à leur dévouement éprouvé. En 1790, le couvent donnait asile à vingt pensionnaires et renfermait sept folles.

A cette époque, la communauté comprenait 26 personnes, dont 18 professes, 6 converses et 2 novices. Toutes déclarèrent vouloir persévérer dans le genre de vie qu'elles avaient librement choisi. Elles ne furent pas moins brutalement chassées de leur maison et jetées sur le pavé le 1er octobre 1792.

Le 15 décembre de la même année, le couvent, l'église et l'enclos furent vendus nationalement au sieur Bécheu, pour la somme de 10,100 livres.

Après la Révolution, dès la fin de 1802, ces immeubles furent rachetés par Mme Marie-Louise-Élisabeth de Lamoignon, veuve de M. Molé de Champlatreux, qui avait suivi Mgr de Pancemont à Vannes, et qui se proposait de rétablir la vie religieuse dans cette ville. Le 25 mars 1803, elle reçut le voile des mains de l'évêque, en même temps que six autres compagnes, qu'elle avait recrutées à Paris, et prit le nom de sœur Saint-Louis. Elle avait alors 40 ans. Son but était, non seulement de travailler à sa sanctification et à celle de ses sœurs, par la pratique des vœux de religion, mais encore d'instruire gratuitement les enfants pauvres et de les placer ensuite avantageusement dans le monde. A l'instruction elle joignit le travail manuel, la couture et la dentelle. Ce côté charitable de l'œuvre fut celui qui d'abord attira sur elle l'attention du public, et qui lui valut bientôt la reconnaissance officielle du gouvernement. Son institut prit le nom de la *Charité de Saint-Louis*, et en moins de deux ans compta 18 religieuses. Aux dames de chœur, la fondatrice joignit plus tard des sœurs converses, chargées plus spécialement du matériel de la maison.

Quand Mgr de Pancemont mourut (13 mars 1807), elle obtint que son corps fût inhumé dans un oratoire de son enclos, où sa tombe se voit encore aujourd'hui.

Outre la maison principale de Vannes, Mme Molé fonda l'établissement d'Auray en 1807, et celui de Pléchatel en 1816, et sur son lit de mort, en 1825, elle signa l'acquisition de l'ancienne abbaye de Saint-Gildas de Rhuys.

Depuis cette époque, la congrégation a fondé des succursales à Lorient en 1837, à Paimpont en 1846, à Guer en 1851, à Pontivy en 1852, à Crédin en 1855, à Rohan en 1877, à Belz, à Cléguer et à Étel.

La maison-mère elle-même a reçu d'importantes améliorations. Au couvent du Père-Éternel, reconnaissable à ses petites fenêtres on a ajouté vers l'ouest un spacieux bâtiment, et vers l'est, en face de l'entrée, un nouveau corps de logis. Pour remplacer l'ancienne chapelle de l'Adoration, on a construit en 1877, sur les plans de M. Charier, une église de style ogival, en forme de croix latine, avec un autel sculpté et des vitraux peints. Elle a été consacrée en 1880. L'enclos lui-même a été agrandi et suffit largement aux besoins de la communauté.

Aux œuvres primitives on a récemment ajouté des écoles libres, qui donnent l'instruction à un grand nombre d'externes.

XX. CARMES. — ÉVÊCHÉ.

Tout près du couvent du Père-Éternel, se trouve celui des Carmes déchaussés, devenu plus tard l'Évêché.

Les Carmes déchaussés sont une branche de l'Ordre des Carmes.

Ils ont commencé en Espagne en 1568, sous l'inspiration de sainte Thérèse et de saint Jean de la Croix, et ont pénétré en France en 1611.

Messire Jean Morin, seigneur du Bois-de-Tréhant, président du présidial de Vannes, et Jeanne Huteau, sa femme, voyant deux de leurs enfants entrés chez les Carmes déchaussés de Paris, résolurent de fonder un couvent de leur ordre à Vannes. Après avoir obtenu l'autorisation de l'évêque et celle de la communauté de ville pour l'établissement, ils offrirent aux religieux leur maison située dans le quartier du port, près de la chapelle de Saint-Julien, avec les jardins et la prairie y attenants; ils y ajoutèrent la propriété de l'île de Lerne, dans le golfe du Morbihan; et pour remplacer les quêtes, ils leur assignèrent une rente annuelle de 500 livres tournois, qu'ils hypothéquèrent sur leur propriété du Trest en Sarzeau, se réservant à eux et à leurs successeurs la faculté de retirer cette hypothèque, pour la transférer sur une autre terre.

Les Carmes arrivèrent à Vannes, au nombre de six, le 1er juin 1627, et furent mis en possession des immeubles par les fondateurs. L'établissement fut accepté par les supérieurs de l'ordre en 1629, et sanctionné peu après par le roi Louis XIII.

La première construction entreprise par les Carmes déchaussés fut celle de l'église, dont la première pierre fut solennellement posée par le prince de Condé, le 3 mai 1629, pendant la tenue des États de Bretagne, et bénite par l'évêque.

La seconde construction fut celle du couvent, dont la première pierre fut placée, le 14 juin 1632, par le fondateur, Jean Morin. La maison occupa l'ouest et le sud du cloître; celui-ci, placé au midi de l'église, se composa de piliers massifs et carrés, réunis par des arcades en plein cintre.

Outre l'enclos, les Carmes reçurent une grande prairie, qui lui était contiguë vers l'ouest. De plus, pour s'affranchir de tout voisinage importun, ils acquirent, en 1632, la maison Bidé située à l'entrée de la rue Drézen, avec les maisonnettes et jardins adjacents. Ainsi se trouva définitivement constitué le couvent, avec ses possessions immédiates.   5

L'église des Carmes déchaussés reçut bientôt de nombreuses sépultures. Le fondateur, Jean Morin, fut inhumé dans le chœur en 1646; son beau-frère, Jacques Huteau, sieur de la Haye-Pallée, choisit sa sépulture dans la première chapelle de la nef du côté de l'évangile, dédiée à saint Joseph; d'autres furent enterrés dans la chapelle suivante, la première à gauche en entrant dans l'église; Maurile de Bréhant, comte de Mauron, fut inhumé en 1688 dans la chapelle de l'Ange-Gardien, la première à droite en entrant; la chapelle au-dessus, dédiée à la Sainte-Vierge, reçut la dépouille mortelle de Daniel de Francheville en 1656; de Claude de Francheville en 1682; et de Thomas de Francheville en 1686; les Lantivy, les Quifistre de Bavalan, les Henry de Bohal, les Dondel, etc... eurent des tombes réservées en divers endroits de l'église.

Quand un arrêt du parlement de Bretagne vint, en 1719, défendre d'inhumer désormais personne dans les églises et chapelles, sauf ceux qui auraient un droit d'enfeu bien établi, les Carmes se soumirent, et dès l'année suivante ils firent bénir un petit cimetière situé entre leur cloître et la rue, dans un endroit où le public pouvait pénétrer, sans passer par la communauté.

Cependant l'église bâtie en 1629 menaçait ruine dans sa partie antérieure; quand on voulut la restaurer en 1734, on reconnut que tout était à refaire jusqu'au chœur. Il fallut se résigner à tout reconstruire.

La nouvelle église, telle qu'on la voit aujourd'hui, est un édifice en forme de parallélogramme et de style renaissance. La façade, toute en pierre de taille, offre une porte majestueuse, surmontée d'une grande fenêtre, et au-dessus la date de 1737, qui est celle de son achèvement. A l'intérieur, des piliers carrés supportent des arcades en plein cintre et partagent l'église en trois nefs. Il n'y eut plus qu'un autel dans chaque bas côté. Dans le sanctuaire, il y avait à droite une chapelle de Sainte-Thérèse, à gauche un oratoire sous le clocher, et au fond le maître-autel de l'église.

Bientôt la Révolution arriva menaçante. Le 25 novembre 1790, la communauté comprenait 10 religieux profès et 2 frères. Sur ce nombre, 4 pères et un 1 frère déclarèrent vouloir cesser la vie commune; les 7 autres restèrent fermes, mais ils furent expulsés le 1er avril suivant.

Tous les biens meubles et immeubles de la communauté furent vendus aux enchères. Il n'y eut d'exception que pour l'église, le couvent et l'enclos. On eut lieu de s'en féliciter quelques années plus tard.

Mgr de Pancemont, en arrivant à Vannes le 11 août 1802, n'avait pas de logement réservé, car l'ancien palais épiscopal de la Motte était occupé par le préfet. L'évêque demanda qu'on mît à sa disposition l'ancien couvent des Carmes déchaussés, afin d'y établir son logement et son secrétariat.

Le gouvernement prit aussitôt l'arrêté suivant :

« Saint-Cloud, le 26 brumaire l'an IX de la République une et indivisible (17 novembre 1802).

» Les Consuls de la République arrêtent :

» Article 1er. — Les maisons et jardins des ci-devant Carmes à Vannes seront donnés pour logement à l'Évêque de Vannes.

» Article 2. — Le Ministre des Finances est chargé de l'exécution du présent arrêté.

Le premier Consul : BONAPARTE. »

Depuis ce temps, l'ancien couvent des Carmes sert de palais épiscopal. C'est une habitation à peu près suffisante, mais qui a le grave inconvénient d'être trop éloignée de la cathédrale ; en revanche on y trouve un magnifique enclos, renfermant jardin, prairie et pièce d'eau. La chapelle adjacente, après avoir été longtemps abandonnée, a subi d'importantes réparations, à partir de 1865, et elle est actuellement ouverte au public.

XXI. URSULINES. — JÉSUITES.

C'est le 29 août 1627, que la mère Louise Guays, dite de Jésus, supérieure des Ursulines de Tréguier, congrégation de Bordeaux, conduisit une colonie de cinq religieuses à Vannes, après avoir au préalable obtenu la permission de l'évêque et celle de la ville. Elle s'établit près du port, sur la terre de Kaer : ce qui offusqua d'abord quelques négociants, qui craignaient pour leur commerce ; mais tout se calma avec le temps. Elle organisa le logement provisoire des sœurs, ouvrit des classes pour les jeunes filles, et dut retourner au bout de cinq mois à son couvent de Tréguier.

La mère Jeanne Rolland, dite des Séraphins, désignée comme supérieure en 1628, acheta divers immeubles, donnant sur la rue du Port, aujourd'hui rue Thiers, et sur la rue de Comohic, actuellement rue de l'Unité. Elle fit faire une chapelle provisoire et commença le grand corps de logis qui forme aujourd'hui le côté oriental du cloître ; on y voyait en bas le chœur des religieuses, et, au-dessus, des chambres et des cellules pour la communauté.

La mère Suzanne Guays, dite Marie des Anges, élue supérieure en 1641, continua les acquisitions commencées par ses devancières. Elle obtint que les Jésuites seraient les directeurs de la maison ; elle fit aussi quelques règlements pour la communauté, les soumit à l'approbation de Mgr Sébastien de Rosmadec et en surveilla l'exécution. Son zèle la porta à réunir tous les dimanches dans les classes les filles et femmes pauvres, pour les instruire de la religion.

La mère Hélène Le Corvaisier, dite de Sainte-Croix, élue supérieure en 1660, reçut pendant ses six ans une trentaine de jeunes filles au noviciat. Dépourvue de ressources, mais confiante en la sainte Famille, à laquelle elle s'était consacrée avec sa communauté, elle entreprit, en 1664, le grand corps de logis situé au nord du cloître. Les travaux durèrent dix-huit mois, et coûtèrent 43,604 livres. Mgr Charles de Rosmadec bénit la maison le 17 juin 1666, et les religieuses prirent possession des cellules neuves. En même temps on bâtit les murailles de l'enclos, qui coûtèrent 5,404 livres.

La mère Jeanne Le Corvaisier, dite de la Nativité, remplaça sa sœur, le 26 mars 1666, dans ses fonctions de supérieure. Pour coopérer à l'œuvre des retraites de femmes, entreprise par Mlle de Francheville, elle consentit en 1671 à la construction d'une maison, sur le terrain de la communauté, et tout près de la clôture. C'est la maison qui a servi plus tard aux classes des Frères, rue de l'Unité, Nº 3. En sortant de charge, elle reçut la direction de cette œuvre et la conserva jusqu'à sa suppression.

L'église définitive eut enfin son tour. Les travaux commencèrent le 17 mars 1688 et ne furent terminés qu'en 1690. La dépense monta à 44,054 livres. C'est un édifice en forme de parallélogramme, ayant son maître-autel au fond, la grille des religieuses du côté de l'épitre, et une petite chapelle du côté de l'évangile. La façade, du côté du port, est du style de la renaissance, propagé alors par les Jésuites, et porte l'inscription en lettres majuscules : *Sacræ Familiæ.. 1690.*

Le monastère des Ursulines conserva jusqu'à la fin sa ferveur et sa prospérité. En 1790, la maison renfermait 38 dames de chœur, 10 sœurs converses, 4 novices, 41 pensionnaires, et 19 domestiques ; environ 200 jeunes filles externes y recevaient une excellente instruction. Les religieuses déclarèrent toutes vouloir persévérer dans leur état ; elles ne furent pas moins expulsées par groupes successifs jusqu'au 1er octobre 1792.

Leurs biens, mis en vente en plusieurs lots, échurent à divers acquéreurs. Le couvent et l'enclos, avec les cours et maisons accessoires, furent adjugés, le 29 novembre 1797, pour la somme de 52,100 francs. La chapelle, exceptée de la vente, servit de Bourse en 1802, pendant quatre mois, et fut rendue au culte vers la fin de cette année, sous le titre d'oratoire.

Les bâtiments et l'enclos furent rachetés en 1838, pour y loger les missionnaires jésuites. C'est là que mourut en 1849 le R. P. Louis Leleu, en odeur de sainteté.

La loi du 15 mars 1850, ayant proclamé la liberté de l'enseignement secondaire, un comité catholique se réunit à Vannes, pour fonder un collège dans l'ancien couvent des Ursulines, et y appela les Jésuites pour le diriger. Dès le 15 octobre 1850, plus de 200 élèves externes entrèrent au nouveau collège, qui prit aussitôt le nom de *Saint-François-Xavier.* Le pensionnat, ouvert l'année suivante, devint bientôt plus nombreux que l'externat.

De vastes et magnifiques constructions s'élevèrent comme par enchantement. Le côté occidental du cloître, commencé par les Ursulines, fut terminé par les Jésuites en 1852 ; le quatrième côté, au sud, fut construit en 1853. Une charmante chapelle de congré-

.gation, de style ogival flamboyant du XVe siècle, dessinée par
M. Charier, architecte, et ornée de statues par M. Carado, a été
inaugurée en 1857 : elle est cachée à l'angle sud-ouest du cloître.

. Les RR. PP. se proposaient d'acquérir l'ancienne chapelle des
Ursulines, dont la jouissance appartenait à l'évêque et la propriété
à l'Etat, afin de construire une façade monumentale au collège du
côté de la ville. L'affaire traînant en longueur, ils prolongèrent
leurs bâtiments vers le sud, et le P. Tournesac y construisit en
1871, la chapelle qu'on y voit aujourd'hui. Cet édifice, de style
ogival du XIIIe siècle, présente à l'intérieur une large nef pour les
élèves, et deux séries de colonnes, dont les chapiteaux se distinguent
par une grande variété de feuillages et de fleurs. Un déambulatoire
tourne autour du sanctuaire, et se prolonge des deux côtés jusqu'au
bas de l'église. Les fenêtres sont toutes garnies de vitraux peints,
et offrent partout les écussons des donateurs.

XXII. Saint-salomon.

Saint-Salomon, l'un des faubourgs et l'une des quatre paroisses
de Vannes, était limité au nord par la rue Saint-Yves ou d'Auray, à
l'est par les douves de la ville, au sud par la poste actuelle et par
une partie des rues Richemont, Pasteur et Descartes, et à l'ouest
par la rue de Bernus et par une venelle allant de la rue de la Loi à
la rue d'Auray. (V. le Plan.)

Ce territoire fut donné au chapitre de l'église cathédrale de
Vannes par le duc Alain Fergent, qui prit part à la première croisade
en 1096. Le duc Conan III, son fils, confirma ce don et l'affranchit
de toute redevance envers lui et ses successeurs. Le chapitre, par
reconnaissance, a célébré l'anniversaire de ces deux princes jusqu'à
la Révolution.

Comme seigneur féodal de ce quartier, le chapitre avait haute,
moyenne et basse justice ; il nommait un sénéchal, un alloué, un
procureur fiscal et un greffier, pour l'exercer en son nom ; il avait
une prison auprès de l'église Saint-Salomon, et des fourches
patibulaires à la bifurcation des routes de Bernus et d'Arradon.

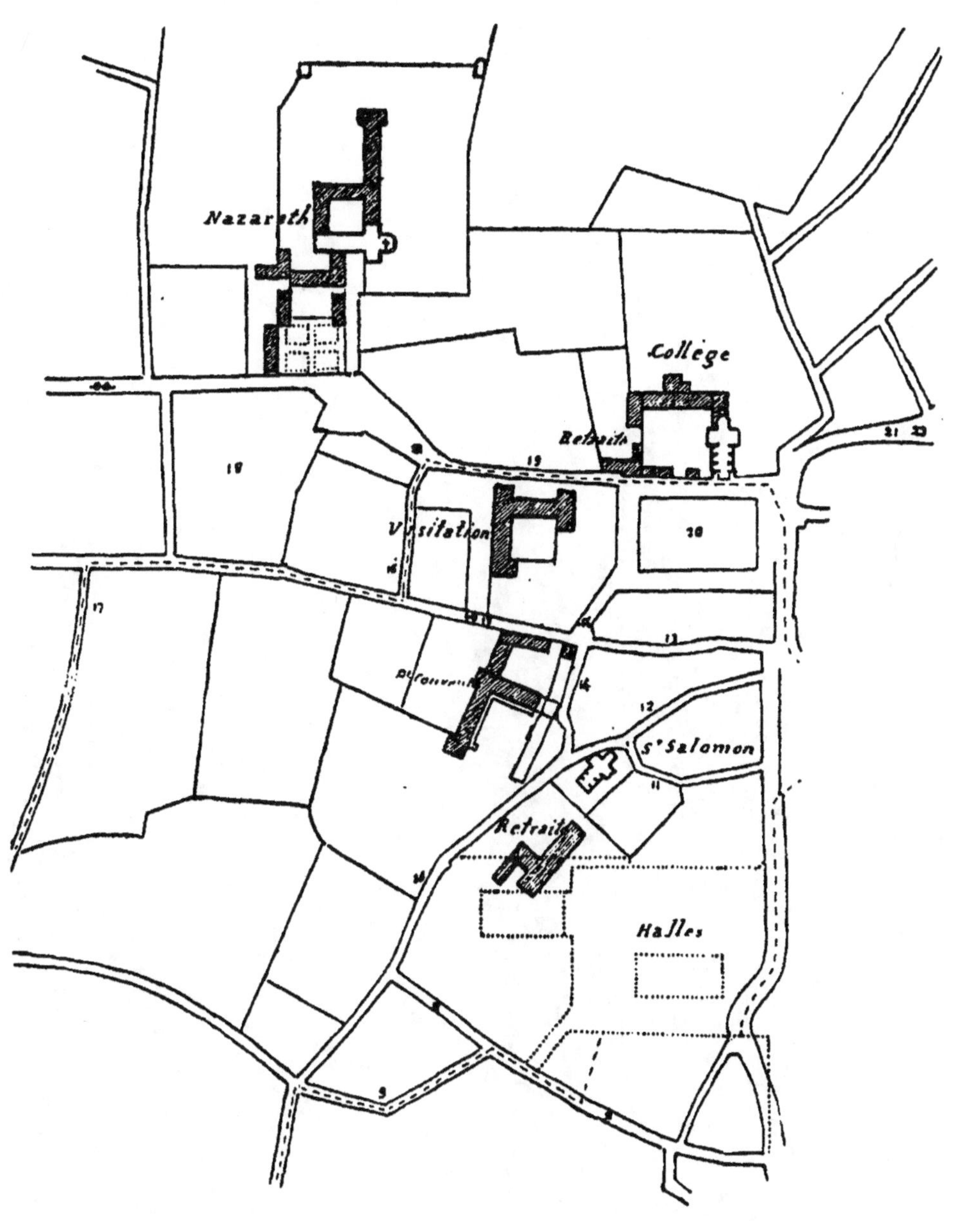

VANNES. — SAINT-SALOMON

Comme seigneur temporel encore, il percevait une rente féodale sur les maisons de son fief, recueillait les biens en deshérence, recevait les droits de mutation, appelés alors droits de lods et ventes, et obligeait tous ses vassaux à moudre à son moulin de Rohan et à cuire à son four situé à l'entrée de la rue actuelle des Tribunaux.

A peine donné au chapitre, le territoire de Saint-Salomon fut érigé en paroisse : c'était au commencement du XIIe siècle. Son patron, saint Salomon, fils de Rivallon de Poher, avait été reconnu roi de Bretagne en 857, après le meurtre d'Erispoé ; il avait vaillamment guerroyé contre les Normands, avait fondé le monastère de Plélan, et avait fini par tomber sous le fer des assassins le 25 juin 874. L'église, tenant compte de sa longue pénitence et de sa mort cruelle, l'avait mis de bonne heure au rang des saints.

Son église à Vannes était située à l'extrémité de la rue actuelle des Tribunaux, au delà d'une grille et d'un portail, qu'on y voit aujourd'hui. Le cimetière s'étendait au midi et à l'ouest de l'église. La forme de l'édifice primitif ne nous est pas connue ; son style était nécessairement roman.

La seconde église de Saint-Salomon, bâtie sur le même emplacement, avait la forme d'une croix latine, comme on peut le voir sur le plan ci-joint. Si l'on tient compte de son chœur à pans coupés, on est tenté de l'attribuer au XVe siècle, comme la chapelle de Notre-Dame des Lices. Les deux chapelles des transepts étaient dédiées, l'une à la très sainte Trinité, l'autre à Notre-Dame de la Chandeleur ; celles du bas de l'église à saint Sauveur et à saint Sébastien ; il y avait aussi des autels du Saint-Esprit, de Sain-Btlaise, de Saint-Germain, etc...

Le chapitre étant le fondateur ou le patron de la paroisse, présentait le vicaire perpétuel, chargé de la desservir. Le presbytère, qui existe encore à l'angle de la rue Le Sage ou du Petit-Couvent, porte la date de 1615.

C'est sur le territoire de Saint-Salomon, que s'établirent les religieuses de la Visitation en 1638, les dames de la Retraite en 1679, et les religieuses de Notre-Dame de la Charité en 1683, comme on le verra plus loin. Tout porte à croire que le couvent des Cordeliers, construit en dehors de la première enceinte de Vannes, était primitivement dans le fief et dans la paroisse de Saint-Salomon, et qu'il ne passa dans le fief du duc et dans la paroisse de Saint-Pierre qu'après l'achèvement de la seconde enceinte en 1385. Il est très possible que cette affaire n'ait pas été étrangère au règlement d'indemnité, ordonné par le duc Jean IV dans son testament de 1385, et qu'elle ait eu sa part dans les réclamations adressées au Saint-Siège en 1397 par l'évêque de Vannes contre le duc.

Les registres de baptêmes, de mariages et de sépultures de la paroisse de Saint-Salomon remontent à l'année 1585, et renferment d'intéressants détails sur un grand nombre de familles de Vannes et des environs.

Sur la proposition du district de Vannes, une loi du 12 mars 1791, sanctionnée le 20 du même mois, supprima la paroisse de Saint-Salomon, pour l'unir à celle de Saint-Pierre, et ne conserva l'église qu'à titre d'oratoire. En conséquence, le 30 avril suivant, trois commissaires de la commune vinrent prendre les registres, qui depuis sont conservés à la mairie ; ils apposèrent les scellés sur les portes de la chapelle renfermant les fonts baptismaux et déclarèrent au vicaire que « cette paroisse était supprimée et qu'il n'avait plus de fonctions pastorales à y remplir » ; enfin ils dressèrent l'inventaire des ornements et des vases sacrés et n'y laissèrent que ce qui était nécessaire à un prêtre constitutionnel, pour y dire la messe le dimanche, en faveur des fidèles du quartier. Le buste en bois de saint Salomon, contenant quelques débris de ses ossements, fut plus tard transféré à la cathédrale et remplacé dans la suite par une petite châsse en forme de chapelle gothique.

Le vicaire, M. Christophe de la Villeloays, ayant refusé le serment et voyant sa paroisse supprimée, se retira à Pontivy, où il fut accusé de troubler la paix par ses prédications. Dès le mois de juin il fut obligé de s'éloigner, pour se rendre à Lorient et être détenu à la citadelle de Port-Louis. En 1792 il s'embarqua pour l'Espagne, mourut à Bilbao le 2 février 1794, et fut inhumé dans l'église paroissiale de Saint-Nicolas.

Le presbytère, avec son jardin, fut vendu, le 16 juillet 1794, pour 4,150 livres, au sieur Le Mercier.

Peu après l'église de Saint-Salomon fut démolie, comme inutile et gênant l'accès dés tribunaux. Il n'en reste aujourd'hui aucun vestige ; l'allée qui conduit au tribunal de commerce, longe l'ancien chœur au sud, et passe sur le transept et sur le côté de la nef. Le cimetière, qui s'étendait principalement au midi de l'église, est passé en grande partie dans la propriété voisine. Une maison a été récemment bâtie au nord de l'ancienne nef.

XXIII. Retraite des femmes.

La maison de Retraite pour les femmes avoisinait le cimetière de Saint-Salomon au sud-ouest. Elle doit sa fondation à Mlle Catherine de Francheville, dont la charité était inépuisable. Témoin du bien que procurait aux âmes la maison de Retraite, fondée pour les hommes en 1664, elle eut la pensée, comme Mlle de Monteville, de faire une fondation pareille pour les femmes. Elle reçut d'abord chez elle, rue de la Vieille-Psallette, puis dans une maison hors des murs, les personnes qui se présentèrent (1669).

Ces réunions ayant été blâmées par un vicaire général, on construisit, en 1671, une maison spéciale pour les retraites dans l'enclos des Ursulines, avec l'agrément de Mgr de Rosmadec. Mais Mgr de Vautorte, le nouvel évêque de Vannes, ne parut pas approuver l'emplacement de l'œuvre, et la disgrâce de M. de Kerlivio sur la fin de 1672 fit cesser les retraites.

Vingt mois plus tard, Mlle de Francheville prit à bail le Séminaire destiné aux clercs, et avec la permission de l'évêque, elle y fit commencer la première retraite le 4 décembre 1674. A cet effet, elle pria le P. Fulgence, carme du Bondon, de prêcher et de confesser, et appela de Rennes Mme du Houx, pour diriger les femmes. Bientôt, elle quitta sa maison particulière et vint habiter avec Mme du Houx, pour se former à la direction de l'œuvre.

Cependant le Séminaire n'était qu'une demeure provisoire, et il fallait songer à construire une maison définitive. Mlle de Francheville acheta, le 15 septembre 1674, le jardin de Marie Berrolles, pour 400 livres, et le 19 février 1675, le grand jardin de Radenac, pour 2,100 livres, les deux immeubles contigus et situés à l'ouest de Saint-Salomon, dans le fief du chapitre.

Les travaux de construction commencèrent aussitôt. Le plan comportait une vaste maison à plusieurs étages, capable de recevoir au moins 400 personnes. Malgré la chute de la charpente, causée par un violent orage, l'entreprise fut couronnée de succès, et la première retraite y fut inaugurée le 5 mai 1679. L'année suivante, à la retraite de la Pentecôte, il y eut 412 personnes ; souvent même on en compta davantage aux fêtes de Pâques.

Daniel de Francheville, avocat général, neveu de la fondatrice, voulut prendre part à la bonne œuvre, et fonda le traitement d'un chapelain et celui d'un prédicateur des retraites.

Mlle de Francheville obtint, pour l'aider dans son œuvre, le concours de Mlle Marquer de Kerderff et de quelques autres personnes de bonnes familles, qui, sans faire de vœux de religion, consentirent à vivre en communauté, et reçurent couramment le nom de *Demoiselles de la Retraite*. Pour élargir les dépendances de sa maison, elle acquit, en 1680, les jardins de Laurent et de Callon, situés vers l'ouest, et en 1681 les jardins de Choumin situés vers l'est, au sud du cimetière.

Enfin, usée par la pénitence et la maladie, elle mourut saintement le 23 mars 1689, dans sa 69e année, assistée du R. P. Huby. Son cœur fut donné aux Jésuites du collège, et son corps inhumé dans un caveau sous la chapelle de la Retraite.

Mlle Marguerite Marquer de Kerderff recueillit sa succession, mérita la confiance de Mgr d'Argouges et s'acquit l'estime universelle par ses vertus. Elle affermit l'œuvre des retraites. Elle mourut le 4 janvier 1713, dans sa 69e année ; son cœur fut donné au collège, et son corps inhumé auprès de celui de Mlle de Francheville.

Mlle Marguerite-Françoise Aumon de Kerloret lui succéda, et fut enterrée au même lieu, le 15 décembre 1743.

Mlle Jeanne Le Gouvello de Kersivien, supérieure de la Retraite, fut inhumée le 2 janvier 1760.

La dernière supérieure de la maison fut Mlle de Lantivy, qui fut expulsée avec ses compagnes, le 1er octobre 1792, et qui protesta contre la confiscation des biens de la communauté. Le 25 avril 1795, le district de Vannes, après avoir pris connaissance de ses réclamations, jugea que les Demoiselles de la Retraite devaient être assimilées aux religieuses, et que leurs biens devaient subir le sort commun.

Dès le 18 septembre 1792, la maison de la Retraite des femmes fut affectée à la détention des prêtres âgés ou infirmes du diocèse, et le directoire départemental se crut généreux en assignant à chacun d'eux, pour leur subsistance, 20 sous par jour en été, et 25 sous en hiver.

L'immeuble ayant été évacué en 1795, on y installa le tribunal civil et le tribunal criminel. Celui-ci siégea dans l'ancienne chapelle, située au rez-de-chaussée de la maison. C'est là que furent condamnés à mort, le 31 décembre 1795, M. Le Manour, prêtre de Languidic, et au mois de mars 1796, MM. Rogue, professeur au Séminaire, Robin, vicaire à Inzinzac, Le Bècre, vicaire à Pontivy, Le Floch, prêtre de Cléguer, Hémery, prêtre de Saint-Servan, Le Verger, prêtre de Lanouée. Beaucoup d'autres prêtres y furent condamnés à la réclusion.

Sous l'Empire et sous les gouvernements qui suivirent, l'ancienne maison de la Retraite fut maintenue comme siège du tribunal civil et de la cour d'assises; tout à côté fut installé le tribunal de commerce.

Toutefois cette maison était un peu trop isolée de la circulation; les réparations devenaient onéreuses pour le département; c'est pourquoi le Conseil général décida la construction d'un nouveau tribunal à côté de l'ancien, à l'angle de la nouvelle place des Halles. Les travaux commencés en 1863, ne furent complètement achevés qu'en 1869. Dans l'intervalle, les Dames de la Retraite, installées dans l'ancien Séminaire en 1864, obtinrent l'autorisation d'exhumer les restes de Mlle de Francheville et de Mlle Marquer de Kerderff, et de les transporter dans leur chapelle du Mené.

Enfin en 1870, l'ancienne maison de la Retraite des femmes fut entièrement démolie, et le sol lui-même fut coupé en pente jusqu'aux bases du nouveau tribunal : les terres qu'on en retira servirent à continuer le comblement des douves de la ville, et il ne resta sur la hauteur que l'édifice moderne affecté au tribunal de commerce.

XXIV. Le Petit-Couvent.

Au nord de l'ancienne Retraite se trouve le Petit-Couvent. Ce nom lui vient d'une modeste maison, située à l'angle de la rue de la Loi et de la rue Le Sage, qui servit de berceau à l'établissement, et il s'est maintenu depuis dans le peuple, malgré l'augmentation des édifices et le changement du personnel.

Le V. P. Jean Eudes avait fondé, en 1641, l'ordre de *Notre-Dame de Charité,* pour recueillir les femmes tombées, et cette institution avait pris de rapides développements dans diverses villes de France. A Vannes, où le séjour du parlement amenait beaucoup d'étrangers, on sentit le besoin d'avoir une semblable maison. Sur les instances de M. de Kerlivio et du P. Huby, et sur les autorisations écrites de l'évêque, du présidial, et de la ville, données dès 1680, on obtint trois religieuses de cet ordre en 1683.

M. Daniel de Francheville, avocat général, les logea dans la maison mentionnée ci-dessus, qui lui appartenait, et qui reçut dès lors le nom de *Petit-Couvent.* Le président du parlement, M. de Pontchartrain, s'exprime ainsi, dans son rapport au roi, du 1er dé-cembre 1684 : «... Cet établissement est très utile au public : le bien que font dans la province les maisons semblables qui y sont establies en est la preuve. Les douze pénitentes qui y sont desja, et qui sont éloignées du crime, non seulement par leur retraite, mais encore par leur véritable conversion ; l'éloignement d'un grand nombre de filles de mauvaise vie, qui ont pris la fuite dès qu'elles ont vu cette maison commencer, dans la crainte d'y estre enfermées, ce qui a beaucoup purgé cette ville de ces sortes de personnes : tous ces biens donnent lieu d'en espérer d'autres... »

. Les lettres patentes du roi furent signées à Versailles au mois de mai 1688, et vérifiées ensuite au parlement et à la chambre des Comptes.

Le Chapitre, qui avait d'abord fait quelques difficultés pour l'établissement de cette maison dans son fief, finit par l'agréer, par acte du 4 février 1685 : il accepta le capital de 1500 livres comme indemnité des droits de mutation, permit de supprimer une venelle transversale, et autorisa l'acquisition de nouveaux immeubles jusqu'à concurrence de deux journaux de terre.

Grâce à cette concession, la communauté acheta divers terrains et maisons pour recevoir les sœurs renvoyées d'Hennebont, et donner asile à de nouvelles repenties. Une petite chapelle provisoire fut établie dans le bas d'une maison, voisine de celle donnée par M. de Francheville.

Le 23 mars 1703, fut posée la première pierre du monastère, qui devait former un carré d'édifices avec un cloître ; on fit seulement le côté nord, où se trouve la chapelle actuelle, et le côté ouest, où est maintenant l'hôpital militaire. Les religieuses en prirent possession à la fin de 1706.

La communauté de Notre-Dame de Charité de Vannes, déjà nombreuse, prit un nouvel essor à partir de ce moment, et en 1715, elle fournit les sujets nécessaires pour fonder une nouvelle maison dans la ville de La Rochelle.

En 1724, les religieuses demandèrent l'alignement de la rue de la Vieille-Boucherie, à partir de la vieille chapelle, afin d'y construire un corps de logis pour les pénitentes, et, dès l'année suivante, on y plaça la charpente et la couverture. Cet édifice existe encore le long de la rue de la Loi. Puis, pour clore la cour située entre cette maison et la chapelle, elles firent commencer, pour les mêmes pénitentes, en 1739, la maison qui sert de trait d'union entre leur communauté et le refuge : le tout fut terminé en 1740.

L'enclos primitif avait également reçu des augmentations : le couvent avait acquis, en 1695, au prix de 4,000 livres, de M. Le Gouvello, les terrains qui forment aujourd'hui le grand jardin de l'hôpital ; et en 1759, de la famille Jan de Bellefontaine, pour 5,000 liv., les jardins situés au midi du précédent.

L'établissement était complet, mais la tempête approchait.

En 1790, la communauté comprenait : 37 religieuses de chœur, 12 converses et 2 tourières. Elles déclarèrent toutes vouloir persévérer dans leur vocation : ce qui ne les empêcha pas d'être expulsées le 1er octobre 1792. Que devinrent alors les malheureuses filles recueillies par elles ?

Le Petit-Couvent, transformé en maison d'arrêt, reçut des parents d'émigrés, des administrateurs suspects, des prêtres constitutionnels et des prêtres fidèles, depuis le mois d'octobre 1793 jusqu'à la fin de 1794 : c'était alors la Terreur.

Au mois de janvier 1795, il devint *hôpital* militaire : destination qu'il a toujours conservée depuis ; néanmoins il servit encore de prison à une trentaine de prêtres catholiques, depuis le mois de mars 1796 jusqu'à la fin de l'année.

En 1801, l'immeuble fut remis à la commission administrative des hospices, par les soins du général Bernadotte, et les malades civils y furent reçus comme les militaires.

Le 3 août 1803, les Augustines de la Miséricorde de Jésus, qui avaient desservi l'hôtel-Dieu de Saint-Nicolas avant la Révolution, furent appelées au Petit-Couvent, et installées par l'évêque, en présence de toutes les autorités de la ville. Elles furent chargées de tout le détail intérieur de l'hospice, et de fournir à cet effet huit religieuses, pour la somme de 2,100 francs par an, payables par trimestre. Elles eurent un logement à part, mais durent se nourrir et s'entretenir à leurs frais.

Elles prouvèrent leur dévouement envers les malades en 1808, pendant l'épidémie qui frappa les militaires, et qui les obligea d'être sur pied nuit et jour ; trois d'entre elles y succombèrent.

En 1866, l'administration des hospices crut devoir les congédier, malgré le vœu de la population, et appela au Petit-Couvent les Filles de la Charité de Saint-Vincent de Paul, qui desservaient l'hôpital de Saint-Yves de la Garenne.

Depuis ce temps, Vannes est devenue le siège d'une garnison composée de trois régiments : il a fallu céder à l'élément militaire tout l'ancien couvent, et construire le long de la rue Le Sage un bâtiment neuf, pour les femmes (1867), et à la suite, vers le midi, un autre bâtiment pour les hommes (1884). L'administration des hospices y a dépensé une bonne partie de sa dotation.

XXV. Visitation. Caserne.

Du Petit-Couvent à la Visitation, il n'y a que la largeur d'une rue. L'ordre de la *Visitation* a été fondé à Annecy, en 1610, par saint François de Sales, évêque de Genève, et par sainte Jeanne-Françoise Frémyot de Chantal. Dans l'origine, les religieuses visitaient les malades à domicile, et c'est de là que leur vint le nom de Sœurs de la *Visitation* ou de *Visitandines*. Depuis l'établissement de la clôture, il a fallu renoncer à la visite des malades, pour se consacrer à l'instruction de jeunes pensionnaires.

Les religieuses de la Visitation établies au Croisic en 1631, trouvèrent bientôt la ville trop petite et l'air de la mer trop vif. Elles demandèrent donc en 1635 à l'évêque de Vannes, à la communauté de ville, et au roi, les autorisations nécessaires pour transférer leur établissement à Vannes. Les ayant reçues, huit sœurs arrivèrent ici, au mois de septembre 1638. Le 16 juin suivant elles acquirent par adjudication, au prix de 5,600 livres, la maison de la Croix-Orain et trois autres petites maisons, donnant sur la rue d'Auray ou de Saint-Yves, et ayant des jardins derrière vers la rue de la Vieille-Boucherie.

Tel fut le noyau de leur établissement, qu'elles agrandirent par des acquisitions successives ; elles payèrent au chapitre une indemnité de fief, c'est-à-dire un capital, dont la rente devait représenter à l'avenir le droit de mutation ; les droits de moulin, de four et de juridiction féodale restèrent, comme toujours, réservés.

C'est en 1652 qu'elles commencèrent la construction de leur couvent, par le corps de logis, qui est parallèle à la rue Saint-Yves, avec une portion de cloître. Le grand bâtiment du côté de l'ouest, avec sa portion de cloître, ne fut commencé qu'en 1671 et terminé en 1673. M. l'abbé de Coetdeletz, archidiacre et chanoine, en fit la bénédiction ; il inaugura également l'oratoire de l'Enfant Jésus, construit dans l'enclos et destiné à recevoir les sépultures des sœurs.

Le bâtiment, situé à l'est, et destiné à rejoindre un jour celui du sud, n'a pas été plus achevé que celui-ci. Le cloître, avec ses piliers carrés et ses arcades en plein cintre, offre un aspect grandiose ; malheureusement le côté de l'est n'a pas été fait. Le préau du cloître fut affecté à la sépulture des pensionnaires de la maison. La chapelle de communauté était alors une simple salle du bâtiment du nord : on avait le projet de bâtir une véritable église sur un des côtés du cloître, mais ce projet ne fut jamais réalisé.

Quant à l'enclos, son développement était arrêté, vers l'ouest, par une venelle, qui allait de la rue de la Vieille-Boucherie à la rue d'Auray ou de Saint-Yves, et qui séparait le fief du chapitre de celui de l'évêque, et la paroisse de Saint-Salomon de celle de Saint-Patern. Cette venelle était devenue un dépôt d'immondices, et faisait fuir le public. Les Visitandines en demandèrent la concession, et grâce à de hautes influences, elles obtinrent du roi des lettres patentes du mois de juillet 1689, les autorisant à fermer cette ruelle, à condition de faire plus loin une autre voie de communication.

Grâce à cette concession, les religieuses purent s'étendre vers l'ouest, sans solution de continuité. Toutefois le cimetière de Saint-Michel, situé sur le Champ-de-Foire actuel, les arrêta à son tour : il avait une pointe triangulaire vers l'est, sous la nouvelle caserne de la gendarmerie, et il les empêchait de donner à leur enclos une forme à peu près carrée. Elles demandèrent donc à la paroisse de Saint-Pierre et à la confrérie des Trépassés cette portion triangulaire du cimetière, et offrirent en retour un terrain leur appartenant, situé au sud dudit cimetière, le long de la rue de la Vieille-Boucherie, et contenant 117 pieds de plus que le terrain demandé. Leur demande fut agréée, et l'acte d'échange fut passé le 26 mars 1712.

Plus tard, les représentants de la paroisse, voulant vendre le cimetière de Saint-Michel, pour l'établir ailleurs, l'offrirent aux religieuses de la Visitation, comme étant à leur convenance. Celles-ci, ayant déjà leur clôture complète, et n'ayant pas alors l'argent nécessaire, proposèrent l'échange de ce terrain pour une prairie qui leur appartenait sur la route du Bondon. L'affaire fut acceptée par acte du 25 janvier 1742, mais ne fut consommée qu'en 1748.

L'œuvre était achevée, la Révolution allait la détruire.

Le 18 novembre 1790, la communauté comprenait : 27 religieuses de chœur, 6 sœurs converses et 2 tourières. Interrogées séparément, elles répondirent toutes qu'elles voulaient continuer leur genre de vie. Elles furent néanmoins renvoyées de leur asile le 1er octobre 1792. Pendant la Terreur, trente d'entre elles furent détenues à l'hôpital de Saint-Nicolas ou internées en ville.

Tous leurs biens avaient été confisqués. L'ancien cimetière de Saint-Michel, transformé en verger, fut adjugé en 1796 au sieur Villeneuve pour 5,720 livres, et le grand jardin de l'enclos à M. Josse pour 6,380 livres. Quant au monastère lui-même, l'État le garda, pour en faire une caserne d'infanterie ; et c'est encore la destination qu'il conserve aujourd'hui.

Après la Révolution, les religieuses de la Visitation de Vannes ne purent se reconstituer en communauté. En 1807, il y en avait dix ou douze refugiées dans l'ancien couvent des Capucins, chez les Ursulines. Plus tard elles se retirèrent au n° 6 de la rue Noé, où elles continuèrent à instruire les jeunes filles qu'on leur envoyait, et elles s'y éteignirent successivement.

D'un autre côté, l'ancien cimetière de Saint-Michel fut racheté, pour faire un champ de foire. L'ancien jardin du couvent fut également racheté : une partie fut annexée à la caserne d'infanterie, pour agrandir la cour, et le reste servit en 1857 à recevoir la nouvelle caserne de gendarmerie et les bâtiments accessoires.

XXVI. CARMÉLITES DE NAZARETH.

Les Carmélites, établies au Bondon en 1463 par la B. Françoise d'Amboise, et transférées aux Coets, près de Nantes, en 1480, avaient toujours nourri l'espoir de renvoyer une colonie à Vannes.

Voyant leur communauté riche en sujets, elles résolurent en 1513 de commencer les démarches préliminaires. Elles obtinrent d'abord l'autorisation de la reine Anne de Bretagne et du roi Louis XII, puis celle de François Ier et de la reine Claude (1513-1515). Elles acquirent ensuite, par acte d'afféagement, du 24 octobre 1516, une propriété, située à Vannes entre la rue Saint-Yves et le ruisseau de Rohan, et appartenant au prieuré de Saint-Martin de Josselin, dont elle portait le nom : c'était un petit fief, enclavé dans les Régaires, ayant quelques droits dans le port de Vannes, et juridiction sur la rue de Saint-Martin ou du Moulin et sur diverses terres vers la Madeleine. Elle s'engagèrent à payer au prieur, chaque année, à perpétuité, une rente foncière de 40 livres monnaie, et une rente féodale de 5 sols, et à dédier dans leur future église un autel à saint Martin, pour remplacer sa chapelle tombée en ruines.

Le projet de fondation ayant été approuvé par l'évêque de Vannes et par le pape Léon X, les travaux commencèrent enfin en 1518, sous la direction d'un carme du Bondon, le F. Geoffroy Le Borgne, évêque titulaire de Tibériade. Le couvent se composa d'un carré d'édifices autour d'un cloître, l'église formant le côté sud. Les travaux marchèrent lentement, et ne furent terminés qu'en 1529. Les 17 religieuses désignées pour Vannes y arrivèrent le mercredi-saint 13 avril 1529 (N. S. 1530), et furent mises aussitôt en possession de leur monastère, qu'elles appelèrent *Nazareth*. Leur enclos formait un carré autour du couvent.

Leur occupation était de chanter l'office divin, de vaquer aux exercices de la vie contemplative, et d'exécuter divers travaux manuels, en observant une clôture rigoureuse. Elles reçurent, avec le temps, de nombreuses postulantes, et leurs dots permirent à la communauté d'acquérir d'importants immeubles, et de faire d'abondantes aumônes.

Elles étaient gouvernées à l'intérieur du couvent par une *prieure*, élue tous les trois ans ; elles avaient pour supérieur ou *Vicaire* un Carme, choisi par elles à vie, et confirmé par le Général de l'ordre ; et pour confesseurs deux ou trois Carmes, élus par elles et confirmés par le Vicaire. Ces religieux formaient entre eux une petite communauté, qui était logée dans des appartements, en dehors du monastère des Sœurs, et situés sur la place actuelle de Nazareth. (Voir le plan.)

Le 1er octobre 1589, une « poule d'Inde », morte paraît-il du charbon, donna naissance à une sorte de maladie contagieuse. Sept religieuses en moururent. Les survivantes furent obligées d'évacuer la maison, et trouvèrent un refuge à Limoges. Quand elles revinrent, le 11 janvier 1590, elles ne trouvèrent plus de provisions au couvent : tout avait été enlevé par les « désaireurs », qui l'avaient occupé pendant six semaines.

La communauté répara rapidement ses pertes matérielles et personnelles. Les vocations affluèrent, et des essaims de religieuses allèrent fonder en 1620 un couvent de Carmélites à Rennes, et en 1627 un autre à Ploërmel. L'âme de la communauté était alors le P. Philippe Thibaud, le réformateur des Carmes. C'est lui qui fit bâtir, en 1629 et 1630, le grand bâtiment situé au nord du cloître, afin de suppléer à l'insuffisance de la maison. Il mourut à Nazareth, en odeur de sainteté, le 24 janvier 1638, et fut enterré dans l'église du couvent devant le maître-autel.

Peu après, en 1645, surgit une contestation sérieuse entre les Carmélites et l'évêque de Vannes, au sujet du fief de Saint-Martin et de droits à payer aux Régaires. Une sentence des Requêtes du Palais, du 7 juillet 1646, donna gain de cause à l'évêque, et refusa de reconnaître le fief de Saint-Martin en dehors de l'enclos des religieuses. Par une transaction du 29 mars 1647, Mgr Charles de Rosmadec, pour le bien de la paix, consentit à reconnaître la mouvance de Saint-Martin sur deux prés voisins de l'enclos, du côté de l'ouest, mais il maintint sa juridiction féodale sur le reste, conformément à la sentence des Requêtes. Son successeur, Mgr Louis de Vautorte, fut plus accommodant, et par traité du 10 juillet 1676, il consentit à reconnaître le fief de Saint-Martin sur les terres situées à l'ouest de l'enclos, à la condition de conserver dans son propre fief les terres placées à l'est, et notamment la rue du Moulin ou de Saint-Martin.

Les religieuses eurent aussi de nombreuses difficultés avec certains Vicaires, qui voulurent imposer leurs volontés personnelles ou gêner le libre choix des confesseurs, et l'autorité supérieure dut souvent intervenir.

Au milieu de ces débats, l'enclos de la communauté s'était graduellement élargi. Il ne comprenait, à l'origine (1530), que l'espace carré entourant le monastère ; en 1645, le R. P. Jean Tuaut, vicaire, y avait ajouté le jardin et un bout de prairie au nord ; enfin en 1679, le R. P. Augustin fit enclore tout le terrain situé à l'ouest, jusqu'à la route et au ruisseau de Rohan et le mit à la disposition des religieuses.

En novembre 1790, il y avait ici 26 religieuses de chœur et 9 sœurs converses : toutes déclarèrent vouloir persévérer dans leur état ; il en fut de même des quatre Pères Carmes.

Le 1er octobre 1792, elles furent brutalement renvoyées de leur monastère, et pendant la Terreur cinq d'entre elles furent détenues à l'hôpital Saint-Nicolas.

Leurs biens, qui étaient considérables, furent vendus les uns après les autres, à Vannes et ailleurs. L'État ne conserva guère pour lui que le couvent et l'ancien enclos, et il y établit une manutention militaire : on y voit encore une partie du cloître et des bâtiments religieux ; la moitié de cet enclos, vers l'est, fut cédée, vers 1824, au département : on fit table rase des anciens edifices, pour y bâtir une prison.

Le reste de l'enclos, formant les trois quarts de l'ancienne propriété, passa par différentes mains : M. Daudé, Lazariste, y construisit, vers 1825, un grand pensionnat pour les écoliers ; les Trappistines de Laval l'acquirent en 1849, et le revendirent aux religieuses du Dorat en 1853, pour y établir une maison de correction et un refuge ; les Petites Sœurs des pauvres ont racheté le tout en 1874, et ont construit leur établissement en 1883 et 1891, après avoir démoli l'ancienne maison Daudé en 1884. La chapelle n'a été terminée qu'en 1895.

Quant à la maison et au jardin des Pères Carmes, tout a été rasé : c'est aujourd'hui la place de Nazareth.

Un nouveau couvent de Carmélites, de la réforme de Sainte-Thérèse, s'est établi à Vannes, à quelques pas de Nazareth, dans la rue de la Loi. Les premières religieuses arrivées à Vannes en janvier 1866, se logèrent provisoirement dans une maison de la rue du Nord, pendant qu'on bâtissait leur couvent, et au mois de juin 1867 elles entrèrent dans leur monastère. Le cloître fut construit en 1877, et l'élégante chapelle qui le domine fut consacrée le 5 novembre 1879.

XXVII. Collège Saint-Yves.

Le concile de Trente, en 1563, avait ordonné d'établir un *Collège* dans chaque diocèse, dans le but surtout de préparer des élèves pour le sanctuaire. L'État ayant accepté ce décret, on songea partout à le mettre à exécution.

En 1574, la communauté de la ville de Vannes donna l'exemple en Bretagne : elle reçut de Jean Briçon, sieur du Péh, et de René d'Aradon, seigneur de Kerdréan, deux pièces de terre et une maison, situées au nord de la place du Marché, dans le fief de l'évêque et dans la paroisse de Saint-Patern. Elle y commença de suite les bâtiments nécessaires, et une chapelle en l'honneur de *saint Yves,* le long de la rue. En 1579, l'évêque Louis de la Haye érigea canoniquement ce collège, pour cinq classes, et lui donna, à cause de son caractère ecclésiastique, les dîmes de Saint-Avé et de Quistinic. De son côté, le Chapitre lui attribua une rente de 200 livres, qu'il donnait jusqu'alors à un précepteur ou maître des écoles de Vannes. La ville fournit le surplus des traitements et des dépenses.

Les classes furent ouvertes en 1580, et l'administration du collège fut donnée à un chanoine et à un laïc, élus chacun pour deux ans par la communauté. L'enseignement eut pour directeur Jean de Vendosme, mentionné dès 1577, Félix Miggueus, cité en 1606 et mort en 1616, Jean Le Grand, nommé en 1616, vivant encore en 1626, et Jean Durand, retraité en 1630.

A cette date, la communauté de ville, avec le consentement de l'évêque et celui du roi, confia le collège aux PP. Jésuites. Ceux-ci achetèrent plusieurs immeubles et firent quelques nouvelles constructions. Dès 1637, il fut question de créer une classe de philosophie et une classe des cas de conscience ; mais la première ne fut dotée qu'en 1664, pour la Logique, et en 1674 pour la Physique ; la seconde, dotée dès 1646 par Mgr de Rosmadec, fut confirmée et complétée par un cours de Dogme en 1686.

Pendant ce temps, les Jésuites avaient acquis divers immeubles. Louis XIII, en 1634, leur avait donné le parc de Lestrénic, d'une contenance de 70 à 80 journaux de terre, et Louis XIV, en 1658, y avait ajouté 6 journaux, situés en dehors de l'enclos. Le prieuré d'Ambon fut uni au collège de Vannes en 1692, moyennant une rente fixe de cent livres à l'abbaye de Saint-Gildas de Rhuys : ce qui fut sanctionné par le pape et par le roi.

Le collège de Vannes était alors très florissant : en 1636, il comptait déjà 400 élèves, mais dans la suite ce chiffre s'éleva jusqu'à 1,200.

Cependant la chapelle primitive de Saint-Yves menaçait ruine. En 1661, le P. Adrien Daran entreprit d'en bâtir une autre à l'est de la cour du collège. La première pierre fut bénite le 27 septembre de cette année. Mlle Catherine de Francheville donna d'abord 7,200 livres pour cette œuvre, puis dans le cours de treize années 1,600 livres par an, sans compter beaucoup de dons particuliers. Les Jésuites, par reconnaissance, voulurent faire mettre ses armes sur la façade ; mais elle s'y refusa, et l'on y mit à sa demande les mots : *Fundavit eam Altissimus*. Les travaux de décoration à l'intérieur se poursuivirent lentement, et le maître-autel ne fut inauguré qu'en 1685.

Mais bientôt l'orage menaça la Société de Jésus. Le parlement de Rennes, se substituant au roi et au pape, supprima la Compagnie et ordonna la fermeture de tous ses collèges et maisons pour le 2 août 1762.

Le collège de Vannes, privé de ses excellents directeurs, fut confié, par la communauté de la ville, à des professeurs ou des régents, choisis tous dans le clergé diocésain. L'administration, conformément à un édit du roi, du 3 février 1763, fut donnée à un

Bureau, composé de l'évêque président, du sénéchal, du procureur du roi, du maire, d'un échevin, de deux notables choisis par le bureau, et du principal du collège.

Le premier principal fut M. Marc Le Rieux, nommé en 1762; il eut pour successeurs M. Macé en 1767, Noel Pasco en 1772, et Jacques Le Bonnel en 1777 : ils étaient tous prêtres.

Outre le principal, il y avait un sous-principal, trois professeurs pour la philosophie, la physique et la rhétorique, et cinq régents pour la 2e, la 3e, la 4e, la 5e et la 6e classes : ils étaient également prêtres ou au moins clercs.

Les écoliers étaient au nombre de 508 en 1766, et de 457 en 1785.

Le 4 juin 1791, le directoire du département, considérant que les professeurs du collège avaient tous refusé d'accepter la constitution civile du clergé, décida leur renvoi, et le 15 du même mois il fit installer M. Chesnel comme principal, avec cinq professeurs. Aussitôt le collège déclina sensiblement, et le 24 août 1793, on ne dépensait que 12 livres 10 sols, pour les prix donnés aux élèves des différentes classes.

La terre de Lestrénic fut adjugée, le 13 juillet 1793, au sieur Périer, pour 40,400 livres; le prieuré d'Ambon fut vendu le 16 octobre suivant, à Fr. Martin, pour 4,200 livres; et la métairie de Kernès, qui en dépendait, adjugée, le 14 décembre de la même année, au dit Martin, pour 7,600 livres.

Le collège, abandonné, devint en 1795 une caserne d'artillerie, et en 1797 le siège d'une école centrale. Rendu à la ville de Vannes, par décret du 13 mai 1803, il reprit aussitôt son ancienne destination, sous le titre de *Collège communal.*

En 1815, pendant les cent jours, les élèves en état de porter les armes quittèrent l'établissement, pour aller rejoindre les chouans. Six d'entre eux périrent dans les combats, et trois furent nommés chevaliers de la Légion d'honneur.

Ce collège, redevenu prospère sous la Restauration, perdit beaucoup d'élèves après 1830, et se vit extrêmement réduit en 1850, par la création d'un établissement rival. Néanmoins le conseil municipal voulut le maintenir à tout prix, et la ville s'imposa dans ce but d'énormes sacrifices. Récemment on a voulu le reconstruire en grand ; il a coûté 832,304 francs, dont la moitié environ a été payée par l'État et le reste par la ville. Il ne reste plus de l'ancien collège que la chapelle : le vieux nom de Saint-Yves lui-même vient d'être remplacé par celui de Jules-Simon (1896).

XXVIII. Retraite des hommes.

A l'ouest du collège, à l'entrée de la rue Saint-Yves ou d'Auray, était une grande maison, appelée la Retraite des hommes.

Elle n'avait pas été bâtie d'abord pour cette œuvre, mais pour servir de séminaire. Le P. Jean Rigoleuc songeait depuis longtemps à réunir les jeunes clercs, pour les préparer à la réception des ordres et à la pratique des vertus de leur état, pendant qu'ils suivaient les cours de philosophie et de théologie au collège. Il en parla, en 1656, à M. Louis Eudo de Kerlivio, qui lui fit offre aussitôt de ses biens, et même de sa personne, s'il était nécessaire, pour un projet si utile. Ce généreux prêtre vint d'Hennebont à Vannes en conférer avec le P. Recteur, acheta au nom des Jésuites un jardin qui joignait le collège, et donna une forte somme d'argent au P. Rigoleuc, pour commencer la bâtisse. De son côté, le R. P. Cellot, provincial, affecta, le 17 août 1656, à l'établissement projeté, la terre de la Ville-Déné, située en la Chapelle et acquise depuis quatre ans par la Compagnie.

Sur ces entrefaites, M. de Kerlivio fut nommé vicaire général et trouva dans Mgr Charles de Rosmadec un puissant protecteur de l'œuvre. D'un autre côté, il fallait l'autorisation du roi pour exister légalement et pour amortir une dotation. Louis XIV, par lettres patentes du mois d'octobre 1660, approuva la construction de cette maison, « où les pauvres clercs pourraient recevoir les impressions de la piété et les instructions nécessaires pour parvenir aux ordres, » et amortit à cet effet « la terre noble de la Ville-Déné, de cinq à six cents livres de rente, et d'autres fonds à acquérir jusqu'à 3000 livres de rente... »

En 1663, quand tout fut prêt, Mgr de Rosmadec en fit part à son synode, et sollicita le concours pécuniaire de ses recteurs, mais il éprouva une résistance inattendue.

M. de Kerlivio, ému de cet échec, recommanda l'affaire à Dieu, et se sentit inspiré de faire de ce séminaire, déjà distribué en cellules, une maison de *Retraite pour les hommes*. Le P. Huby, son confesseur, eut la même pensée. M. de Kerlivio en fit la proposition à l'évêque, qui la reçut avec joie, et qui publia le 11 janvier 1664, une lettre pastorale, pour la recommander à tout le diocèse.

Cette œuvre, la première de son espèce en France, produisit un bien incalculable. M. de Kerlivio y fonda l'entretien de quatre religieux, pour en diriger les exercices; et jusqu'à sa mort il employa toutes les industries de son zèle, pour y attirer le plus d'hommes possible, ecclésiastiques, nobles, bourgeois et paysans. En 1669, M. Guillaume Le Gallois, chanoine et grand vicaire, donna une rente de vingt livres, pour la pension de trois prêtres de Vannes, qui voudraient y faire leur retraite. Cette maison était pourvue d'une chapelle particulière.

M. de Kerlivio avait fixé sa demeure à la Retraite, et quand il mourut le 21 mars 1685, il laissa 1,500 livres pour achever un corps de logis commencé entre la maison de la retraite et le pignon de la chapelle. Il fut inhumé, suivant sa demande, dans le caveau de la chapelle du collège, à côté du P. Rigoleuc.

Son coopérateur dans l'œuvre des retraites d'hommes, le P. Vincent Huby, natif comme lui d'Hennebont, lui survécut huit ans. Il mourut les armes à la main; car il commençait une retraite, quand il se vit attaqué par une fluxion de poitrine; cinq jours après, savoir le 22 mars 1693, il expira doucement, à l'âge de 85 ans; il fut inhumé dans le caveau de la chapelle du collège, et son cœur fut donné aux demoiselles de la Retraite. Sa mémoire est restée en vénération dans le diocèse de Vannes, comme celle de M. de Kerlivio.

Les PP. Jésuites continuèrent vaillamment l'œuvre des retraites d'hommes; ils fournirent aussi, comme on l'a vu, deux prêtres pour les retraites de femmes. En dehors de Vannes, ils furent appelés par des fondations, à donner des missions périodiques à Pontivy, à Rohan, à Hennebont, à Belle-Ile et ailleurs.

La suppression de la Compagnie, en 1762, laissa sans directeurs les deux maisons de retraites de Vannes. L'évêque, Mgr de Bertin, dut y pourvoir, et le 4 octobre 1765, il adressa une lettre pastorale à tout le diocèse, pour annoncer le rétablissement des retraites.

« ...Il y aura comme par le passé, dit-il, *quinze* retraites par an, dans chacune des maisons destinées à ces pieux exercices, pour les hommes et pour les femmes. — Les retraites continueront à être toutes données pour les *femmes* bretonnes et françaises en même temps. — Les retraites pour les *hommes* seront données séparément pour les français et pour les bretons. Les cinq retraites bretonnes seront celles qu'on appelle du mois de janvier, de la première semaine de Carême, de la Quasimodo, de l'Ascension et de la Sainte-Catherine. Les dix autres seront pour les français... Nous verrons toujours avec joie les ecclésiastiques venir dans cette maison vaquer aux exercices de la retraite, et on leur donnera, comme ci-devant, des exercices particuliers sur les devoirs de leur saint état... »

En 1791, le directoire du département prescrivit à la municipalité de faire dresser un inventaire des meubles et des biens de la Retraite des hommes, et de nommer un économe provisoire.

Le 16 juillet 1794, la maison fut vendue 5,025 livres au sieur Abel. Après avoir passé par différentes mains et avoir même servi d'hôtel, le bâtiment a été démoli pour faire place à une école primaire.

XXIX. Séminaire. Retraite.

Dans les premiers siècles de l'Église, le séminaire était la maison épiscopale : les prêtres, les diacres et les clercs inférieurs vivaient en commun avec l'évêque, et partageaient leur temps entre les offices de l'église cathédrale et l'étude de la science sacrée.

L'évêque était le supérieur naturel de cette école ecclésiastique, et en cas d'empêchement il était remplacé par l'archidiacre ; un prêtre était spécialement chargé de l'enseignement et portait le titre de scholastique ou maître d'école.

Plus tard, quand la vie commune eut cessé, l'organisation de l'enseignement resta la même ; mais les élèves, devenus externes, se partagèrent entre les universités, les écoles cathédrales et les écoles privées.

Pour obvier à cette dispersion, et pour favoriser la pratique des vertus, le concile de Trente prescrivit, en 1563, l'établissement, dans chaque diocèse, d'un *séminaire de clercs*, avec vie commune.

On a vu ci-dessus comment l'entreprise fut tentée à Vannes en 1656, et comment elle échoua en 1663 devant l'opposition du clergé diocésain. M. de Kerlivio, sans se décourager, plaida la cause du séminaire auprès des recteurs, dissipa les préventions, et finit par gagner sa cause. Grâce à lui, le clergé du diocèse acquit, par contrat du 30 octobre 1665, au prix de 7,000 livres, de M. Julien Gibon, seigneur du Pargo, et d'Anne de Kerboutier, sa femme, la maison noble de Coessial, avec cour devant et deux jardins derrière et une prairie, le tout situé auprès de l'église et cimetière de Notre-Dame du Mené. Ces immeubles étant dans le fief des Régaires, l'évêque fit au clergé la remise des droits de mutation, afin de participer à la bonne œuvre. La prise de possession eut lieu le 4 novembre 1665, et l'acte d'appropriement le 20 avril 1667.

Les lettres patentes du roi, du mois de septembre 1669, autorisèrent la construction du séminaire à Coessial, et le prélèvement de 12,000 livres sur le clergé, amortirent six journaux de terre, et permirent d'acquérir des biens fonds jusqu'à 4,000 livres de rente.

C'est dans ces conditions que fut bâtie la maison du séminaire, avec ses trois étages et ses deux pavillons, telle qu'on la voit encore aujourd'hui. On venait de faire la toiture et de commencer les travaux à l'intérieur, quand, à la fin de 1672, M. de Kerlivio fut disgracié par le nouvel évêque, Msr de Vautorte.

Résigné à tout, M. de Kerlivio laissa passer l'orage, loua le séminaire à Mlle de Francheville en 1674, rentra en faveur en 1677, et prépara doucement l'inauguration de l'établissement. Il y fit entrer les ordinands la veille de la Pentecôte 1680, et le jour de la fête il y chanta la messe avec une sensible consolation de voir enfin terminée son œuvre principale.

En 1689, le prieuré du Hézo fut uni au séminaire, avec le consentement des intéressés, à la condition de payer tous les ans à l'abbaye de Saint-Gildas de Rhuys une rente d'un tonneau ou dix perrées de seigle, mesure de Vannes.

Le 17 janvier 1701, Mgr d'Argouges confia la direction du séminaire aux Lazaristes, qui durent fournir un supérieur, deux professeurs de théologie, un économe et trois frères, et assigna à chacun d'eux 300 livres par an : ce qui fut ratifié par lettres patentes du roi en mars 1702. Puis, le 31 décembre 1706, il unit au séminaire la chapellenie du Vincin en Plœren, le prieuré des Saints en Grandchamp, et la paroisse de Notre-Dame du Mené, à la charge de fournir un prêtre pour le service paroissial.

Après l'expulsion des Jésuites du collège de Vannes, les deux chaires de théologie, qui y avaient été fondées, furent transférées au séminaire, conformément à un arrêt du parlement de Bretagne. du 6 août 1763.

Au moment de la Révolution, les Lazaristes refusèrent le serment, et au mois de janvier 1792 ils furent expulsés à 8 heures du soir ; l'un d'eux, M. Rogue, arrêté en 1796, porta courageusement sa tête sur l'échafaud.

Le séminaire, confisqué par l'État, ne fut pas aliéné ; et plus tard un arrêté du premier Consul, en date du 8 juin 1803, autorisa le préfet du département du Morbihan à le mettre à la disposition de l'évêque, pour être rendu à sa première destination. Le bâtiment avait beaucoup souffert, et tout le mobilier était à reconstituer. M. Le Gal, qui avait gouverné cette maison avant la Révolution, fut chargé par l'évêque d'en reprendre la direction, avec quelques-uns de ses confrères de Saint-Lazare, et il la conserva jusqu'à sa mort en 1831.

Deux ans après, Mgr de la Motte, voyant que les Lazaristes n'avaient pas de sujets en nombre suffisant, pour continuer la direction du séminaire, les remercia, et confia l'établissement aux prêtres du diocèse, espérant se procurer ainsi un noyau de sujets d'élite, capables de remplir ensuite les postes les plus importants.

En 1863, un changement radical se prépara pour le séminaire : ce fut le projet d'échange de cet établissement contre la propriété du Grador. Les dames de la Retraite, établies dans cette maison de campagne depuis 1845, trouvaient un grand avantage à s'établir en ville pour leur école. Le séminaire recevait, il est vrai, une belle propriété, mais il n'avait qu'un logement insuffisant et trop éloigné de la ville. Le clergé perdait une maison, où il aimait à revenir, et où depuis deux siècles il conservait de précieux souvenirs. Une loi du 4 juin 1864 sanctionna cet échange et accorda aux religieuses une soulte de 74,000 francs, pour équilibrer la différence des deux propriétés. Avec cette somme les dames de la Retraite ont pu remettre en parfait état une maison qu'on disait menacer ruine, tandis que l'État a dû bâtir un nouveau séminaire, qui lui a déjà coûté plusieurs centaines de mille francs. L'avantage, certes, ne paraît pas avoir été du côté du gouvernement.

Grâce à cet échange les dames de la Retraite sont propriétaires d'une maison, occupée par leur fondatrice de 1674 à 1679.

XXX. Église de Notre-Dame du Mené.

Le Mené est un ancien faubourg et une ancienne paroisse de Vannes. Son territoire comprenait les rues de la Boucherie, du Moulin, du Puits, de Coessial, de la Coutume, du Mené et de Notre-Dame, avec ses impasses et le manoir épiscopal.

Ce nom du Mené vient du breton *Menez*, montagne, colline, et convient parfaitement à la rue du Mené, qui va en montant, et à l'église du Mené, qui se trouve sur une hauteur. L'église étant dédiée à la sainte Vierge, sous le titre de l'Assomption, la paroisse s'appela tantôt *Le Mené*, tantôt *Notre-Dame du Mené*, en latin *Parochia Beatæ Mariæ de Monte*.

La première mention de cette paroisse se trouve dans un acte de l'évêque Rouaud, vers 1144. Il est probable qu'elle était alors d'érection récente, et qu'elle était un vicariat perpétuel, à la présentation du chapitre, comme les trois autres paroisses de la ville épiscopale. Une bulle du pape Pie II, du 28 novembre 1458,

autorisa l'official de Vannes à unir la paroisse du Mené à l'office
du sous-chantre de la cathédrale, ce qui fut immédiatement exécuté.
Le chapitre, qui nommait le sous-chantre, présentait par cela même
le titulaire de cette paroisse.

L'ancienne église de Notre-Dame du Mené était située à l'endroit
où se trouve aujourd'hui le portail de la Retraite, et avait son
cimetière tout à côté. Elle était orientée comme Saint-Pierre et
Saint-Patern, et avait la forme d'une croix latine. Au fond du
chœur se voyait en 1665 un retable avec deux niches et les armes
des Gibon, et quatre colonnes de marbre. La chapelle du nord,
sous le vocable de Saint-Crépin, avait été bâtie en 1496 par Jean
Gibon, seigneur du Grisso et de Coessial ; elle fut toujours prohibitive
à la famille de son fondateur, et en porta les armes dans ses vitres.
La chapelle du sud, sous le vocable de Saint-Éloi, servit de centre
à la confrérie du même nom.

La construction du séminaire des clercs sur les terres de Coessial
ne modifia en rien la paroisse du Mené. L'arrivée des Lazaristes en
1701 n'introduisit aucun changement. Mais Mgr d'Argouges ayant,
par ordonnance du 31 décembre 1706, uni la paroisse de Notre-Dame
du Mené au séminaire, les Lazaristes durent fournir un prêtre de
plus, et le supérieur de la maison devint le recteur-né de la
paroisse. En dédommagement, le chapitre reçut le droit de
présentation de la paroisse de Plaudren et une dotation pour un
second sous-chantre.

Cependant la vieille église de N.-D. du Mené menaçait ruine.
En 1716, Mᵍʳ d'Argouges légua une somme de 10,000 livres, « pour
contribuer à bâtir une nouvelle église paroissiale,... parce qu'elle
sera bâtie en tel lieu et telle forme que le supérieur du séminaire
le commandera, avec M. Delourme, architecte, qui en dressera le
dessin et l'exécutera. »

En attendant, une muraille fut élevée au milieu de l'église pour
la consolider ; mais en 1718 le porche s'écroula et il fallut se résigner
à démolir le tout, pour faire de suite une nouvelle construction.
Le 24 mai 1719, Olivier Gibon, comme premier prééminencier,
donna son consentement à la démolition.

Le nouvel édifice fut construit plus près du séminaire et perpendiculairement à son axe. Comme on peut le voir sur le plan, il eut la forme d'une croix latine, avec des bas côtés à la nef ; son chœur fut un peu allongé, pour recevoir les séminaristes. Les ressources étant restreintes, les travaux marchèrent lentement, et Mgr Fagon finit par prendre à sa charge la majeure partie des frais. La bénédiction de l'église eut lieu le 30 août 1739. Les autels latéraux furent dédiés à saint Vincent et à la sainte Vierge, à saint Crépin et à saint Eloi.

En 1740, le seigneur prééminencier de l'église fut enterré dans un bas côté de la nef. Son épitaphe, aujourd'hui cachée par un placard, porte ce qui suit : « Cy git haut et puissant seigneur messire Olivier Gibon, chevalier, seigneur du Grisso, du Couédic, du Pargo, de Lesvellec, Coetlagat, Quérisouet, Queralbeau, Lohac, Coetec, Gibon et autres lieux, en son vivant major de l'arrière-ban de la noblesse de l'évêché de Vannes, capitaine général des gardes-côtes d'Auray et Quiberon, seigneur fondateur de cette église, décédé en son château du Pargo, le 21 mai 1740. »

Plus tard on ajouta cette note : « Et cy gissent aussi plusieurs hauts et puissants seigneurs de la maison de Gibon, des anciens comtes de Porhoët, et de temps immémorial seigneurs de cette église, décédés jusqu'à ce jour 4 mai 1789. Priez Dieu pour eux. »

La paroisse du Mené ayant été supprimée civilement, l'église fut fermée le 31 avril 1791. Cet édifice servit à l'évêque constitutionnel, et même pendant quelque temps « aux bestiaux de la République. »

La paroisse n'ayant pas été rétablie en 1802, l'église devint en 1803 simple chapelle du séminaire. Elle a gardé cette destination jusqu'en 1864, où elle est devenue la propriété des Dames de la Retraite, par suite de l'échange du séminaire et du Grador.

Les nouvelles propriétaires ont bouleversé la chapelle : le sanctuaire a été rejeté au bas de l'ancienne nef ; la grande porte d'entrée a été fermée et une porte latérale a été ouverte au public dans le transept occidental. Les religieuses ont conservé pour elles l'ancien chœur et les magnifiques stalles provenant de l'abbaye de Prières.

Les murs et la voûte de la chapelle ont été décorés de nombreuses peintures exécutées sous la direction d'une des dames de la maison.

On y voit aussi les tombeaux de Mlle Catherine de Francheville et de Mlle de Kerderff, transférés en ce lieu par la piété de leurs filles. Sous un autel latéral, en face de la porte d'entrée, se trouve l'autel de saint Boniface, avec son image en cire et ses reliques.

La chapelle est spacieuse et commode pour les retraites. Il est probable qu'elle perdra peu à peu son vieux nom de Notre-Dame du Mené, pour prendre l'appellation nouvelle de chapelle de la Retraite.

XXXI. RUES DES FAUBOURGS.

Pour lire ce dernier paragraphe, il faut avoir le plan sous les yeux, et suivre les numéros.

I. Dans le quartier de Saint-Patern.

1. Rue de *la Garenne*, conduisant de Saint-Nicolas à la Garenne, et permettant de voir une notable partie des vieux murs de Vannes.

2. Rue de *Saint-Nicolas*, ainsi nommée parce qu'elle longeait la chapelle et l'hôpital de ce nom.

3. Rue de *Pontivy*, conduisant vers la ville de ce nom, dite aussi rue de *la Fontaine*, parce que les eaux de Meucon venaient jadis par là, et parce qu'elle menait à la fontaine de Bézard.

4. Route de Saint-Symphorien ou de Pontivy et embranchement de l'ancienne route de Vannes à Saint-Avé.

5. Ruelle du *Recteur*, ainsi nommée parce qu'elle longe le presbytère : elle s'appelait jadis *Couachon*.

6. Rue de *Sainte-Catherine*, voisine de la place de ce nom et conduisant au cimetière de la ville.

7. Place de *Sainte-Catherine*, située entre l'ancienne chapelle de ce nom et l'ancien cimetière de Saint-Patern.

8. Rue de l'*Hôpital*, conduisant à l'hôpital général, dite auparavant la *Grand'rue*, à cause de sa largeur relative.

9. Rue de *Bois-Moreau*, voisine du manoir de ce nom et du cimetière appelé le Pré de Bois-Moreau.

10. Rue de l'*Hôpital* (seconde partie) depuis la construction de l'hôpital général, dite auparavant de *Bois-Moreau*.

11. Place *Cabello*, ou de la *Croix-Cabello*, souvenir du passage des Espagnols, dite en breton *Croez-benal*, ou croix du genêt.

12. Rue de l'*Étang*, dite anciennement rue *Gislard*, du nom d'un évêque intrus de Nantes, né peut-être en ce lieu.

13. Rue de la *Tannerie*, ainsi nommée de l'industrie qui s'y exerce depuis l'an 1451 environ.

14. Place de *Groulel*, jadis célèbre pour ses fabriques de draps; cette industrie est aujourd'hui totalement abandonnée.

15. Rue de *Rennes*, ainsi nommée parce qu'elle conduit vers cette ville, en passant devant les casernes d'artillerie.

16. Rue de *Nantes*, nom topographique comme le précédent, dite autrefois rue de *Groulel*, comme la place.

17. Rue de la *Confiance*, chemin conduisant au haut de la Garenne, et privé de son embranchement vers le sud.

18. Rue de la *Petite-Garenne*, depuis le Pont-Pallec jusqu'à la rue du Four, réduite aujourd'hui à l'état d'impasse.

19. Rue du *Four du Duc*, et pendant quelque temps rue de la *Concorde;* elle tirait son nom du four ducal.

20. Rue du *Roulage*, ouverte en 1760, pour remplacer celle de la Petite-Garenne, et tracée dans l'enclos des Jacobins.

21. Place de la *Préfecture*, ainsi dénommée depuis 1864 et complétée par une rue neuve vers l'ouest.

22. Rampe de la Garenne, autrefois suite de la rue de l'*Abbé*, et en 1896, rue de *Jean de Bavalan*.

23. Rue des *Douves de la Garenne*, jadis rue de l'*Abbé* (de Saint-Gildas de Rhuys), seigneur temporel du quartier.

24. Rue du *Jointo*, parallèle à la Rampe de la Garenne, et aboutissant jadis à une croix sur la hauteur.

25. Rue de *Séné*, conduisant au bourg de ce nom, appelée aussi *Calmont-Haut*, du latin *calidus mons?*

26. Rue du *Commerce*, parallèle à la précédente, dite de Calmont-Bas, à raison de sa situation au pied de la colline.

II. Quartiers de Kaer, de Saint-Salomon, etc....

1. Promenade de la *Rabine*, le long du port, commencée en 1720, et prolongée graduellement jusqu'au Pont-Vert.

2. Place de l'*Évéché*, autrefois place des Carmes ou de Saint-Julien, ancien lais de mer.

3. Rue du *Port*, construite principalement par les négociants qui y avaient leurs magasins.

4. Rue du *Drézen*, tiré d'un mot breton signifiant Passage, ou du nom de la famille du Drézen, qui l'a habitée.

5. Rue *Thiers*, tracée récemment sur les douves, depuis la rue du Drézen jusqu'à la place de l'Hôtel-de-Ville.

6. Rue des *Douves du Port*, reste de la voie qui bordait les douves de ce côté de la ville.

7. Rue de l'*Unité*, dite autrefois de *Comohic*, du nom de l'un de ses habitants, puis de *Bara-Segal* (pain de seigle).

8. Rue de *Poulhoho*, puis *Poulho*, puis des *Bons-Enfants*, et enfin rue *Richemont*, partagée entre Kaer et Saint-Salomon.

9. Rue d'*Arradon*, jadis de la fontaine de la Pie, et en 1896 de *Louis-Pasteur*, limite partielle de Saint-Salomon au sud.

10. Rue de la *Salle d'Asile*, dite aussi de Trussac, et anciennement rue *Blanche*, et même de *Poulho* par extension.

11. Rue du *Puits*, supprimée depuis longtemps, descendant de Saint-Salomon sur les Douves près du puits des Kerviler.

12. Rue des *Tribunaux*, depuis la Révolution, et rue du *Four du Chapitre* auparavant.

13. Rue du *Pot-d'Étain*, tiré d'un hôtel de ce nom; appelée pendant la Révolution rue de la *Bonne-Foi*.

14. Rue du *Petit-Couvent*, puis rue de la *Justice*, comme conduisant aux tribunaux, et enfin rue *Le Sage*.

15 Rue de la *Loi*, anciennement rue des *Bouchers*, puis rue de la *Vieille-Boucherie*.

16 Venelle sans nom connu, limite de Saint-Salomon et des Régaires, bouchée en 1689.

17. Place du *Champ de Foire*, ancien cimetière entourant la chapelle de Saint-Michel.

18. Rue de *Bernus*, conduisant au village de ce nom, et limitant de ce côté le fief de Saint-Salomon.

19. Rue d'*Auray*, et anciennement de *Saint-Yves*, à cause d'une chapelle et d'une croix dédiées à ce saint.

20. Place du *Marché*, en breton *Marhalleh*, place *Napoléon* et aujourd'hui place de l'*Hôtel-de-Ville*.

21. Rue du *Mené*, ou de la Montagne, ainsi nommée à cause de sa disposition en pente.

22. Rue *Coessiale*, ou de la *Vérité*, remplacée aujourd'hui par l'avenue *Victor-Hugo*, conduisant à la gare.

23. Rue de la *Boucherie*, habitée naguères par plusieurs bouchers, dite anciennement rue du *Puits*.

24. Rue du *Moulin* (de l'Évêque), appelée jadis rue *Saint-Martin* parce qu'elle relevait de ce fief.

25. Rue de l'*Abattoir*, ainsi nommée depuis 1840, et appelée précédemment du nom commun de *Boucherie*.

26. Rue de la *Coutume*, siège des receveurs des droits, dite jadis rue de *Bourg-Maria*, paroisse du Mené.

27. Rue *Neuve*, mentionnée dès 1537 dans le fief de Saint-Guen, n'a jamais changé de nom depuis.

XXXII. Musées.

La Société polymathique du Morbihan a fondé à Vannes, place des Lices, N° 8, deux musées, qui attirent de nombreux visiteurs.

Le premier est le *Musée archéologique*.

Dans la première salle, on trouve deux grandes vitrines carrées, occupant le milieu de l'appartement, et renfermant les colliers, les haches en pierre polie, et autres objets, trouvés dans les buttes de Tumiac, de Saint-Michel et de Mané-er-Hroeg. Quatre autres vitrines renferment : la première des haches en silex taillé, de provenance étrangère au département; la seconde des haches polies et autres objets, trouvés dans le Morbihan; la troisième des vases étrusques, des statuettes égyptiennes, des pointes de flèches et autres objets exotiques; la quatrième des haches de provenances diverses. On voit aussi sur la cheminée un trophée d'armes et d'outils modernes, apportés de l'Océanie, et ayant les plus grands rapports de ressemblance avec les objets antiques conservés dans le Musée. On y remarque également le moulage de deux pierres du dolmen de Gavriniz et celui des signes gravés trouvés à Mané-er-Hroeg.

Dans la seconde salle, on trouve de nombreuses poteries, provenant des dolmens du pays, des haches en pierre polie et divers autres objets, moins importants en général que ceux de la première salle. Outre quelques signes gravés, on y voit plusieurs plans de monuments celtiques, et notamment un plan géométrique des alignements de Carnac.

Dans la troisième salle, consacrée à la période gallo-romaine, on trouve au milieu deux vitrines rectangulaires, renfermant des épées gauloises, des bracelets, des pointes de lames, des poignards, des haches ou coins, etc... le tout en bronze. Les autres vitrines présentent des poteries de toutes formes et de toutes dimensions, des lampes, des statuettes, des urnes cinéraires, provenant des fouilles faites à Vannes et dans le département. On y voit aussi des briques romaines, des tuyaux de chaleur, des moulages d'inscriptions, et divers fragments de sculpture.

Dans la quatrième salle, affectée au moyen âge et à la renaissance, on voit plusieurs tapisseries d'Aubusson, deux dalmatiques du XVIe siècle, un casque et des hallebardes en fer, des carreaux en terre cuite, des crucifix de diverses époques, des flambeaux en cuivre émaillé, des bagues et bijoux anciens, des moulages de sceaux, et la photographie de plusieurs châteaux.

Le Médaillier renferme environ 5,000 monnaies, soit gauloises, grecques ou romaines, soit bretonnes, françaises ou étrangères. Les plus beaux types ont été exposés dans les embrasures des fenêtres, pour être mieux vus et plus facilement étudiés.

Le Musée archéologique possède aussi un certain nombre d'objets en pierre, que leur poids a empêché de monter dans les salles, notamment les colonnes milliaires d'Aurélien et de Victorin, un lech de Crach, plusieurs fragments de statues tumulaires provenant des Cordeliers, et des landiers en fonte.

A côté du Musée archéologique, et au même étage, se trouve le *Musée d'Histoire naturelle*.

On y voit de belles et nombreuses collections. Et tout d'abord des séries d'*oiseaux* de tous les pays, de toutes les grandeurs et de toutes les couleurs : c'est la partie qui intéresse le plus les enfants.— Au-dessus, à hauteur d'appui, on voit les *coquillages* et les crustacés, dont les séries sont à peu près complètes. — Les *insectes*, piqués dans leurs cadres, ne peuvent être étudiés et appréciés que par les connaisseurs. — L'*herbier* est très riche et remplit de nombreux cartons, qu'il est impossible d'étaler, faute d'espace. — Les quadrupèdes, les poissons, les tortues, les crocodiles, les sauriens, les serpents, etc., ne sont représentés que par quelques rares sujets. — En retour la *géologie* et la *minéralogie* possèdent de nombreux échantillons, dont quelques-uns sont remarquables.

Outre ces deux musées publics, il faut signaler une collection privée, formée par M. de Limur, rue Thiers, Nº 31. Elle comprend la géologie et la minéralogie. Formée avec un soin minutieux, composée d'échantillons de choix, elle est l'une des plus complètes qu'on puisse rencontrer chez un particulier. Bien qu'elle soit propriété privée, elle est ouverte à tous ceux qui veulent s'instruire, et son possesseur est heureux d'en faire les honneurs aux visiteurs, et de leur fournir toutes les explications désirables.

FIN.

TABLE.

www.ingramcontent.com/pod-product-compliance
Lightning Source LLC
LaVergne TN
LVHW020209030726
842520LV00003B/962